STOCK

中国股市新机遇

梁海明 彭琳◎主编

MARKET

西南财经大学出版社
Southwestern University of Finance & Economics Press

图书在版编目(CIP)数据

中国股市新机遇/ 梁海明,彭琳主编. —成都:西南财经大学出版社,
2017. 3
ISBN 978 - 7 - 5504 - 2869 - 0

Ⅰ. ①中⋯ Ⅱ. ①梁⋯②彭⋯ Ⅲ. ①股票市场—研究—中国
Ⅳ. ①F832. 51

中国版本图书馆 CIP 数据核字(2017)第 042330 号

中国股市新机遇
ZHONGGUO GUSHI XIN JIYU

梁海明　彭琳　主编

图书策划:亨通堂文化
责任编辑:孙婧
特约编辑:朱莹
封面设计:李尘工作室
责任印制:封俊川

出版发行	西南财经大学出版社(四川省成都市光华村街 55 号)
网　　址	http://www.bookcj.com
电子邮件	bookcj@ foxmail.com
邮政编码	610074
电　　话	028 - 87353785　87352368
照　　排	四川胜翔数码印务设计有限公司
印　　刷	郫县犀浦印刷厂
成品尺寸	140mm×200mm
印　　张	5.5
字　　数	120 千字
版　　次	2017 年 4 月第 1 版
印　　次	2017 年 4 月第 1 次印刷
书　　号	ISBN 978 - 7 - 5504 - 2869 - 0
定　　价	33.00 元

序

沪港通和深港通为两地市场都带来了新的投资机遇，大家是否思考过，为什么中央政府会同意开通沪港通、深港通？而沪港通、深港通开通之后，大家该如何抓住当中的投资机会，同时避开未知的风险呢？继沪港通、深港通之后，未来金融领域是否还会有别的互联互通？若有，中央政府开通这些互联互通背后的考虑是什么，大家该怎样提前准备，以把握住机遇呢？

若读者没有上述问题的答案，或者答案不是那么清晰，那么这应该是一本值得您拥有的书。

本书邀请了国务院部委的官员、相关政策的制定者、权威专家学者、业界人士和投资银行经济学家，尝试给读者解答疑问，并探讨金融领域互联互通的未来前景。

更为重要的是，本书是两地市场第一本系统地分析沪港通、深港通以及未来金融领域更多互联互通的书籍，深具市场前瞻性，值得仔细阅读。

在本书的第一部分，将剖析中国开通沪港通、深港通的玄机，并会告诉读者，"通"只是一个过程和手段，"通"是为了"融"，更是为了"新"。读者可在本书的第一部分，透过两地市场的"通"，进一步窥视到未来两地及海外如何"融",如何"新"。

相对于第一部分的"虚"和"离地",本书的第二部分则会比较"实"和"落地",由资深的、实战经验非常丰富的著名金融业界人士和投行经济学家们,从经济形势、宏观政策、技术分析等不同角度告诉读者如何紧紧抓住沪港通、深港通的投资机会。读者可在本书的第二部分,了解如何绕开投资的"雷区",踏上"坦途"。

在本书的最后一部分,则重点分析、预测了金融领域互联互通的未来趋势,尤其是在"一带一路"倡议的背景之下,除了沪港通、深港通之外,未来还有什么"通",以及这些"通",将给中国香港、中国内地乃至世界带来什么变化。读者在本书的这个部分,将不仅仅只看到"树林",还能一睹金融世界的"整座森林"。

不仅仅是中国内地与中国香港市场走向共融,事实上全球各国金融市场都已经趋于互联互通,"金融语言"也逐渐成为国际共同的语言,世界每一个角落的人对企业上市、股价、股市的波动等共同的体验,都产生了具有广泛认同性的"通感"。在这种"通感"面前,不同的语言、风俗、民族和国籍都不再是界限。

因此,希望这本书给读者们带来"通感"的同时,能够促使读者站在一个更高的、更与众不同的角度,既可审视正在进行当中的金融互联互通,又能做好准备,迎接更广阔领域中的互联互通。

最后,读者若读完这本书,对书的内容有疑问,或者希望和本书作者交流、探讨,请通过电子邮件:archie0706@hotmail.com 与作者联络。作者也非常期待读者们的宝贵意见和反馈,谢谢!

梁海明

2016 年 11 月 18 日

目录

三、"两通"之后往何处去

附录

一、沪港通、深港通政策的背景与缘起

解读深港通

香港交易所集团行政总裁　李小加

深港通终于要来了！2016 年 8 月 16 日，国务院正式批准了《深港通实施方案》，中国证监会与香港证监会也发出了深港通联合公告，显示出中国进一步对外开放资本市场的坚定决心，也为香港交易所的互联互通战略迎来了新的里程碑。

在深港通新闻发布会上，我向大家介绍了深港通的主要特点，传媒朋友已经进行了广泛报道。不过，仍有不少朋友向我询问深港通的细节，大家关心的问题似乎都差不多，因此，我把大家常问的一些问题答案整理出来，谨供有兴趣了解深港通的朋友们参考。

1. 作为互联互通机制的升级版，深港通有哪些升级之处？深港通对于香港交易所有何意义？

第一，深港通为投资者带来了更多的自由和便利，总额度限制取消是一个重大进步（沪港通的总额度亦已即时取消）。虽然目前总额度还有剩余，但对于机构投资者（尤其是海外机构投资者）来说，总额度限制始终是制约他们投资内地股票市场的一大顾虑，取消总额度限制可以让他们更加放心地投资，从长期来看，一定会鼓励更多海外机构投资者参与深港通和沪港通。

第二，深港通为投资者带来了更多的投资机会。深港通下的深股通涵盖了约900只深圳市场的股票，其中包括约200只来自深圳创业板的高科技、高成长股票，与沪股通投资标的形成良好互补。深港通下的港股通涵盖约400只港股，比沪港通下的港股通新增了近100只小盘股（包括恒生小盘股指数成分股及深市A股对应的H股）。投资标的的扩容，可以满足不同类型投资者的投资需求。

第三，更丰富的交易品种。除了现有的股票，深港通未来还将纳入交易所买卖基金（ETF），为投资者提供更多选择。

需要指出的是，深港通与沪港通采用同样的模式，这一模式最大的特色是以最小的制度成本，换取了最大的市场成效。通过这一模式，两地投资者都可以尽量沿用自身市场的交易习惯投资对方市场，可以最大限度地自由进出对方市场，但跨境资金流动又十分可控，不会引发资金大进大出，实现了最大幅度的中国资本市场双向开放，让两地市场实现了共赢。

对于香港交易所而言，两年前开启的沪港通是我们互联互通战略的第一步，为我们开创了一种全新的资本市场双向开放模式，今日的深港通则以实践证明，这种模式是可复制和可扩容的。深港通的推出将是一个质变，意味着我们的"股票通"战略在二级市场层面已基本完成布局。

2. 既然已经取消了总额度限制，为什么深港通仍然保留了每日额度限制？

深港通下的港股通每日额度为 105 亿元人民币，与沪股通下港股通的每日额度相同。由于内地投资者既可以使用沪港通投资香港股票，也可以通过深港通投资香港股票，深港通的推出实际意味着将现有的港股通每日额度扩容一倍。深港通保留每日额度限制，主要是出于审慎风险管理的考虑。虽然从沪港通目前的运行情况来看，很少有每日额度用罄的情况，设置此限制似乎有些过虑，但在设计这个机制的时候必须从全域考虑，每日额度限制有点像减速器，它的作用主要是在资金流动过于猛烈的时候给市场一个缓冲，控制一下节奏。

3. 为什么深圳创业板的股票仅开放给机构专业投资者？香港和海外散户投资者如何投资深圳创业板股票？

在深圳创业板上市的股票通常比在深圳主板和中小板上市的股票市值小，波动性往往也更大，可以说是高风险高收益类的股票。所以深圳创业板在内地也不是开放给所有投资者，而是设有一个参与门槛。为了保护中小投资者，中国证监会有一套完整的投资者适当性管理方法，比如内地投资者在开通创业板投资权限时，必须签署风险揭示书，表示已经充分了解了创业板的投资风险。香港目前还没有这样的投资者适当性管理体系，因此，目前可通过深股通买卖深圳创业板股票的投资者仅限于香港的机构专业投资者，不包括香港股票市场上的散户。不过，我相信深港通推出后，香港会有基金公司推出更多投资深圳市场的基金产品，如果有兴趣，香港的散户可以通过购买相关的基金来把握深圳创业板的投资机会，而这也会为香港的业界带来新的发展机遇。

另外，据我了解，香港方面也在研究如何在香港推出适当的风险提示程序，帮助散户认知风险等。未来这样的风险提示程序出台之后，香港的散户或许也可以通过深港通投资深圳创业板股票。

4. 深港通的推出会否为香港市场带来增量资金？

这问题可从两方面考虑：一方面，由于深港通下的港股通投资范围较沪港通下的港股通更广，多出近 100 只港股，相信会吸引一些对这些股票感兴趣的内地投资者；另一方面，深交所也会加强对港股通的推广和投资者教育工作，随着内地投资者对于港股市场了解程度的加深，相信港股通将更有活力。

5. 如何看待 A 股和 H 股价差？深港通的启动是否会缩小甚至消除两地价差？

AH 股价差的根源，是两地市场的投资者在风险偏好和投资理念上有很大差距。内地市场的投资者主要由散户构成，比较情绪化，而香港市场则由机构投资者主导，更加理性和注重价值投资。尽管同一个公司的 A 股和 H 股是同股同权，理论上内在价值应该趋同，但由于两边的股票并不能自由流动和互相替代，套利机制不存在，所以即使在沪港通推出之后，AH 股价差也会长期存在。深港通的推出应该无法消除两地价差，但长期来看，因为两边的投资者都有了更多选择，肯定会有助于缩小两地价差。

6. 深港通是否会增加明晟指数（MSCI 指数）纳入 A 股的概率？

中国已经是世界第二大经济体，中国内地的 A 股将来一定会被纳入国际主要指数，只是早晚的问题。深港通的推出，将为海外投资者开放更多内地股票市场，尤其是总额度的取消将给他们带来更多的投资自由和便利，一定有助于推动国际主要指数编制机构未来将 A 股纳入这些主要指数。

7. 你怎么看市场对于深港通公布的反应？

如同我在沪港通开通时所说，沪港通和深港通都是一座天天开放的大桥，而不是一场音乐会，它的价值可能需要两三年或者更长的时间来检验。作为一项创新的互联互通模式，沪港通和深港通着眼于长远和未来，其升级和完善将是循序渐进和持续的。短期市场的波动主要取决于投资者的情绪变化，我们无法也无意预测，但是我坚信，从长远来看，互联互通机制一定会给两地市场都带来十分深远的影响。

8. 深港通未来是否还会延伸和扩容？互联互通下一步还有什么计划？

可延伸和可扩容是深港通模式的一大特色，比如，深港通未来将加入 ETF 这一新的投资品种，我们预计有望在深港通运行一段时间后加入。之所以需要等待一段时间，主要是因为沪深港三个交易所在 ETF 的清算交收和 ETF 与股票的互换上有不同的机制，所以三个交易所和两地监管者需要共同研究相关细节，希望能够尽快推出。

此外，不断完善沪港通和深港通的交易机制也是我们的一项重要工作，未来我们还将继续与两地监管机构和中介机构紧密沟通，尽量优化假期安排和做空机制，减少互联互通机制休市的时间，为广大投资者提供更多便利。

深港通和沪港通都属于股票通，我们相信，在不久的将来，这个模式可以延伸到更多的资产类别，比如债券通和货币通，为境内外投资者和两地业界带来更多机遇。

从中国金融大格局考察港深沪互联互通与共同市场的建立

香港交易所首席中国经济学家

中国银行业协会首席经济学家　　巴曙松

从国际范围内来看，交易所之间的互联互通并不少，但是实际上成功的并不多，沪港通和深港通的广受欢迎，主要是因为沪港通和深港通的启动，顺应了中国金融格局调整的现实需要，也顺应了全球金融市场的调整趋势。

从历史脉络上来说，中国的资本市场的开放，分为几个阶段。

第一个阶段是 1993 年到 2000 年，这个时期主要是中国内地的企业到海外上市，绝大部分在中国香港上市，通过筹集外部资金来进入中国内地市场，以海外上市来实现资本市场的开放。从 1993 年到现在大概在中国香港筹集了多少资金呢？超过 5 万亿港元。

第二个阶段，从 2001 年到 2010 年，内地的资本市场快速发展，股权分置顺利改革并取得突破。此时，中国的资本市场开放，采取的是合格机构投资者的审批方式，也就是合格境外机构投资者（QFII）

和合格境内机构投资者（QDII）。

第三个阶段是顺应人民币国际化的大趋势，伴随着人民币在贸易结算和投资领域的应用，人民币在国际市场的应用不断扩大，中国资本市场进入伴随人民币国际化推动下的开放时代。典型代表是一些直接投资管道，从原来二级市场投资开始转到直接投资管道，就是人民币合格的境外机构投资者（RQFII）等。

现在深港通启动，它开启的是一个新的时代，我认为可以称为共同市场时代，在深港通的政策框架下，延续了沪港通主要的交易、结算、监管的制度，但是还有新的突破，即取消了总的额度限制。在沪港通项下，因为它在启动初期，对于可能产生的市场冲击可能还需要观察，所以当时设定了限额，这对当时市场平稳运行有一定的价值。但是对于很多进行长线布局的人来说，这种限额可能就会带来一些疑虑，因为他如果去进行中长线布局，万一额度中途就没有了，这个策略有可能就很难很好地实施。因此深港通总额度的取消，再加上互联互通从原来的上海延伸到深圳，实际上把三个交易所联系起来，成了一个事实上的共同市场。

所以，我们评估深港通、沪港通的很多影响，都需要放在共同市场的一个大的框架下。比如，在沪港通刚刚开始启动的时候，两地 A 股和 H 股之间存在明显的差价，所以部分市场投资者预期，原来两个不联通的资本市场，通过沪港通联通之后，就像两个水面有差异的湖面联通后，水面可能会逐步拉平。但有趣的是，沪港通开通之后相当长的一段时期内，这二者之间的差距不仅没有缩小，反而扩大了。这个让不少的投资者和研究者大跌眼镜，为什么会是这样？

深入研究可以发现很多有意思的判断。例如，因为沪港通项下的额度限制使得海外资金进入上海市场和上海资金进入香港市场占的交易比例非常小，远远不能达到改变当地交易习惯、估值水平和估值习惯的程度。所以估值的差异在联通之后反而扩大，显示出实际上联通的两个市场的市场估值的波动周期，以及不同的市场环境和投资者群体，是决定各自估值水平的关键因素。如果刚才的推理成立的话，现在互联互通延伸到深圳，三个交易所的联通即将进入一个共同市场时代，总的交易限额取消了，那么这个估值的差异是会继续扩大，或是会继续保持，还是会缩小呢？主流的看法还是倾向于认为缩小的可能性相对比较大，一是相互进入对方市场的交易的占比在上升，二是限额的取消以及机构投资者的入场，如保险资金可以进入沪港通市场。但是从沪港通运行的经验来看，即使联通之后，几个市场之间的差异预期还会一直不同程度地以不同方式存在。

如果说深港通实际上全面开启了深圳、上海和香港市场的互联互通，那么这个共同市场的需求动力来自哪儿呢？

第一，中国的产业转型，需要金融结构做出调整。比如激励创新，靠银行的贷款融资来激励创新不容易，所以要发展直接融资，融资结构因此要做出调整。中国居民投资的产品需求要多样化。目前中国居民的财富持有结构具有很突出的特点：比较多地集中在比较少的金融产品、货币和市场上。经过 30 多年改革开放积累的财富，中国居民持有形式最多的资产类别之一是房地产。关于房地产的总市值有不同的计算口径，我看到的一个估算，现在中国的城市居民持有的房地产的市值是 270 万亿元，上海、深圳和香港的股票市场的市值也分别就是 30 万亿元、40 万亿元。前段时间在香港有一个讨论会，我说一旦启动资产结构转换，内地的投资者只要把房地产财富的 10% 拿来投资香港市场，就会深刻影响香港股市。这个判断从数据上看是成立的，关键是居民资产结构的调整是否会启动，什么时候能启动，以什么方式来启动。

中国居民的财富第二大储存形式是银行。这些财富怎么转换成其他的金融产品？怎样进行适当的跨境配置？这些都对整个金融市场提出了很重要的实际要求。中国对国际市场的投资于2016年首次超过外商在中国的直接投资。中国企业发展到目前这个阶段，有国际跨市场多元化配置的需要。从企业层面来说，中国企业已经发展到从原来主要以吸引国际投资为主，转变为逐步拓展对外的投资。同时，机构投资者如保险公司、个人投资者也有同样或相似的进行国际化配置的诉求。

当前，诸多国内的机构投资者面临着所谓的"资产荒"。资产荒并不是指有钱买不到资产，而是指在目前低利率的环境下，负债成本下降缓慢而资产收益率下降迅速，导致在市场上找到能够覆盖负债成本和期限的适当的资产的难度越来越大；将资产过分集中在单一货币上，也面临很大的汇率风险。举例来说，作为长线投资项目的内地保险资金，如果在2014年投资海外市场，比如通过沪港通，即使投资产品本身低盈利，从人民币的角度来测算，卖出来兑换成人民币，也多了百分之十几的利润。可见进行多货币、多市场的组合投资，来平衡各种风险，其实际需求也非常大，沪港通、深港通这样进行国际配置的平台的出现恰逢其时。

第二，中国资本市场开放也意味着更多的国际资金可能会进入中国市场，所以沪港通、深港通提供了资金双向流动的渠道和平台。从2015年到2016年，国际资产管理行业有一个很重要的特点，即主动型管理的资金大幅流出，流向了被动型的、指数型的投资。在动荡的市场条件下，这些标志性的指数往往还能够提供一个与市场大致一致的表现，这些指数的影响力在扩大，越来越多的被动型的基金跟踪一些标志性的指数，使得只要被纳入特定的指数里，全球参照这个指数进行跟踪配套的基金，就会相应地买入市场的金融资产，资金就会相应流入。在债券市场用得比较多的是摩根的新兴市场债券指数。做个简单的模拟，比如 A 股加入 MSCI 指数，如果它占比是 1.3%，会引入 221 亿美元的投资；如果它占比是 20.5%，会吸引 3 480 亿美元的新增投资。一个债券的模拟测算如果占到了 38.3%，会吸引 7 600 多亿美元的流入。摩根士丹利资本国际公司加入中国市场、债券市场，人民币加入国际货币基金组织（IMF）的特别提款权（SDR）货币篮子莫不如是。

大家关注 MSCI 什么时候加入中国市场，这不仅仅是 MSCI 决策的过程，还需要参考 MSCI 跟踪的那些机构投资者的意见，特别是一些大型的进行被动型投资的基金管理公司的意见，作为这个指数的用户的看法具有不小的影响力。我个人认为，中国加入 MSCI 指数也只有咫尺之遥。2015 年的股灾使得这个加入过程有些延后，如果站在海外机构投资者的角度看，也可以理解。在股灾的市场环境下，站在被动的机构投资者的角度看，有不少的问题确实无法回避，比如千股跌停，投资者在这样一个流动性接近枯竭的条件下，这些基金可能满足不了赎回的要求。另外，MSCI 本来是要通过特定的交易策略来锁定风险，如果有人忽然限制股指期货开仓，也加大了这些被动性基金的操作难度。而沪港通、深港通的启动，为内资以较低的成本进行国际配置，外资能够顺畅地进出中国市场提供了一个不错的通道，也有助于推动中国加入这些国际上有标志意义的金融市场指数，进而吸引新的国际资本流入。

第三，从中国资本市场开放的现状评估来看，实际上中国的资本市场进行双向开放的空间非常大。我们做了一个匡算，在以额度管理为代表的双向开放体系下，把中国资本市场已经批准给金融机构的所有的额度全部用满，是 4 750 亿美元的额度。假设这个容量全部流入中国市场，也只占到中国资本市场的 3%。中国保险资金对海外投资最大的容许额度是 15%，现在保险公司对外市场的规模，占总资产的比例仅仅在 2% 左右。如果我们所有对外投资的这些额度全部都用满、用足，占国际资本市场的市值比例是 0.1%。2016 年以来，中国债券市场的开放迈出了新的步伐，这个比例的计算需要做出一些调整。但是，基本的结论还是成立的，那就是：中国已经是世界第二大经济体、贸易世界排名第一，但是在国际资本市场上，还是不容易看到以人民币计价的金融产品，目前中国资本市场的双向开放具有很大的潜力。这些机构投资者现在也迫切需要一个高效率、稳定进行国际资产布局的平台。沪港通、深港通恰逢其时地提供了这样的平台。

第四，从香港的发展经验来看，30 年前，在香港上市的上市公司，基本上是香港的本地公司。伴随着改革开放，中国的上市公司希望筹集资金进行投资，而国际投资者想进入中国市场，却找不到适当的通道。因此香港抓住了这个连接东、西方市场的机会，成功转型为一个国际金融中心。在过去中国 30 多年改革开放的过程中，国际市场的投资者和来自中国内地的上市公司，在香港市场匹配。香港的这个功能通常被称为"超级连接器"。如果做个比喻，香港就像一个转换开关，不同类型的插头，在香港这个插座上都能插上，都能对接使用。香港高效率地完成了这个匹配的功能，直接推动香港成为一个国际金融中心，现在这个融资的需求仍然很旺盛。2015 年香港市场的新股筹资额达到全球第一，2016 年也是全球第一。

目前一个新的需求正在急剧成长，中国内地的投资者包括机构投资者、金融机构和个人，都希望把自己的一部分资产配置到海外市场，海外产品的提供者也需要寻找新的投资者群体，这就有望构成一个新的资金流动的循环。这个需求此时给香港金融市场提出了新的要求：要把国际市场上的各种金融产品都吸引到香港这个平台上，香港金融市场要像一个大型金融产品的超市，供内地投资者在这个金融大超市上进行资产配置。从趋势看，在这样一个金融大超市里面，应当既有股票、定期货币产品，也有大宗商品。下一步这种联通还可以延伸和拓展，从股票的二级市场延伸到一级市场，从股票市场延伸到货币和固定收益产品市场，进而延伸到大宗商品领域。

互联互通可带来的价值，在股票市场是一种价值，在大宗商品领域可能又是另外一种价值。最近香港交易所在前海设立了一个大宗商品交易平台，就是基于这样的战略考虑。

第五，从市场格局来看，中国内地的大宗商品市场呈倒三角形：最活跃、交易量最大的是顶端的金融类参与者，主要进行投机性的交易；中间的是一些交易融资；底部则是为实体经济服务的生产商、消费商和物流。而国际市场现在的特点，是缓慢地从现货市场买卖，逐步延伸到中间市场交易和融资，这些交易和融资需要一些风险管理，然后就继续延伸到金融类的参与者，是一个正三角形的分布。那么内地市场和国际市场两边各需要什么？从直观上就可以看出，内地市场需要更多的关注，从而服务实体经济，国际市场则需要更多的流动性来提高市场的效率。所以如果两边能够联通起来，对中国的大宗商品和国际的大宗商品市场可以达到一个双赢的效果。

第六，从国际经验看，互联互通推动的共同市场建设要成功运行需要许多条件。最重要的条件是这两个连接的市场的投资者对对方的市场规则、上市公司等都有一定程度的了解。交易所的互联互通也有许多中止的案例。投资者在对对方的上市企业进行投资时，对上市企业往往不了解。如果对对方的上市公司不了解，投资者就不太敢轻易地投资。上海、深圳和香港的联通有一个非常大的优势，香港市场一半以上的上市公司都是内地企业，这些上市公司的利润也大部分来自中国内地。统计数据显示，上市企业中内地企业占51%，内地上市企业的市值占64%，内地上市企业日均交易量占71%。目前在恒生指数里，50只成分股指数里有24只来自内地公司，市值超过一半。很多平时我们熟悉的大企业在香港上市，在研究这些上市公司方面，应当说内地的投资者是有一定的优势的。

互联互通推动的共同市场的发展也直接带动了中国内地的投行在香港市场的国际化，从具体的进程看可以分为三个阶段。第一个阶段是起步阶段，从1980年到2006年，以太平证券在香港成立为代表，相应的市场表现是申银万国、国泰君安、中金于20世纪90年代分别在香港成立子公司。第二个阶段是发展阶段，从2006年到2010年，内地多家券商掀起了在香港成立子公司的浪潮。比如国泰君安于2010年7月在香港挂牌，成为第一家在香港上市的中资券商。第三个阶段是从2010年到现在，海通完成对香港本土券商大福证券的收购，成为首个收购香港上市券商的内地券商。目前，海通通过收购和不断地发展，已经成为香港的最大资本金实力的中资券商之一。

总之，沪港通、深港通的启动打造的港深沪共同市场，也为中资金融机构的国际化提供了一个新的平台。中资投行在这个共同市场上有熟悉的上市公司，对方也日益熟悉中国市场，如果能充分运用这个平台，了解国际金融规则，那它就必然会为中资金融机构的国际化提供一个很好的条件。

互联互通新时代： 深港通不仅限于通

丝路智谷研究院院长兼首席经济学家　梁海明

自中国国务院总理李克强在 2016 年 3 月的政府工作报告中表示将适时启动深港通试点之后，各界对这一机制的关注迅速升温，与推出后反应平淡、火花不多的沪港通形成鲜明对比。

对于两地证券市场而言，沪港通的任务是"通"，而深港通的最高使命是"融"，让两地金融市场真正融合起来。再进一步的要求则是它要"新"，应当考虑在深港通的基础上，创新推出粤港通，以及创建全新的深港交易平台。

深港通的使命是融

深港通的回响比沪港通大，主要有三个原因：

一是，与上海和香港相隔较远不同，深港两地人员来往频繁，而且两地拥有实体经济合作的深厚基础，两地投资者对彼此市场的认识都比较深入，不少投资者都有两地投资的经验。深港通可望吸引更多的投资者，尤其是更为成熟的投资者，并通过股市上的融通，带动两地企业在资金、业务上的合作。

二是，经历了沪港通之后，两地投资者可更快地掌握深港通的规则和操作，让新机制运作得更有效率。深港通拥有巨大的后发优势，参与其中的各方并不需要如沪港通一般经历一段时期的摸索，两个市场上的投资者也已经在过往沪港通两年来的操作中积累了不少投资经验。

三是，深圳股市以中小盘股和成长股为主，预计会吸引更多高风险偏好和喜欢发掘潜力股的投资者。虽然上海交易所规模较大，深圳交易所规模稍小，但深市民营企业与中小企业较多，例如有不少创新、科技、酒类、消费与医疗保健类企业，有活力的企业比上海更多。如果投资人想找中小型或是成长中的大型股，深圳有更多机遇，从深圳股市挖到宝，会比在上海股市有更好的回报。甚至可以认为，要寻找中国的下一个投资亮点的话，非深圳莫属。

虽然不少人对深港通期待很高，但笔者却持审慎乐观的态度，准确地说应该是短期审慎，长期乐观。

之所以短期审慎，是由于沪港通开通早期，外界同样怀有很大的憧憬，各大媒体纷纷长篇大论唱好，但自开通以来，在市场气氛、宏观经济数据及各种技术限制因素的影响下，境内外许多主要机构投资者仍静而观之，市场反应并不像此前设想的那样热烈。如果深港通初期的市况、宏观经济不配合，投资气氛稍逊，这一机制在初期很有可能重现上述局面。

不过长期的乐观则在于，在沪港通基础上，深港通若能在制度设计思路上更加开放，尤其是在融、新两个字上下功夫，即使初期遇冷，但长期仍然看好。

深港市场之间，不能跟沪港一样局限于"通"，"通"是沪港通已经达成的任务，"融"才是深港通的真正使命。

首先，深港通未来应当考虑降低或取消投资者的资产门槛。目前沪港通与深港通仍然有 50 万元的资产门槛，显然限制了互联互通机制的活跃性。未来深港通如果能降低门槛，例如降到 20 万元或以下，甚至是取消，将令两地投资者互相融合，不分彼此，大大增加它的吸引力，吸引更多投资者参与其中。

其次，深港通的可投资范围应当进一步扩大，放松投资限制。在沪港通机制下，沪港两地标的股共有 500 多只，基本为蓝筹股或行业领头企业股票。深港通则引入了市值筛选，按照 60 亿元人民币以上的深证成分指数和中小创新指数成分股加上 A+H 中深圳上市 A 股的标准，将有超过 400 只中小板和超过 200 只创业板股票被纳入投资范围，总市值占到深圳 A 股总市值 70%以上。在香港方面可投资的股票涵盖面则更大，标的股的范围已经接近港交所上市股票总市值的 90%。

换言之，从投资范围来说，深港市场事实上已经相当接近彻底的互联互通，未来如果机制运作正常，可以考虑让深港两市的蓝筹股、中小盘股和中小企业板、创业板全面联通。这不但有助于吸引更多投资者，也有望促使深港两市市值上涨，更可壮大两市主板，提振深市中小企业板以及两市的创业板。

深港通创新动作

此外，深港两市要有创新的意识，要有敢闯的新动作。广东自贸区已经挂牌成立，深港两地可利用这一政策，考虑在深港通发展成熟的基础上，创新推出粤港通。

作为直辖市，上海的经济实力、获得的资源支持均比深圳乃至广东要强和早。深圳要取得突破，可以研究在广东自贸区背景下，通过先行先试的深圳前海片区与广州南沙片区、珠海横琴片区，在金融领域整合分工，联合广东省会广州、经济特区珠海，在深港通的基础上探索打造粤港通。

目前粤港两地服务贸易自由化基本实现，但市场互联互通仍局限在股市。粤港通可考虑进一步在债市、期货甚至银行间市场等更多金融领域复制互联互通。此举可吸引更多投资者，加强深穗珠乃至广东全省与香港的金融融合，对珠海、香港及广东全省的经济发展大有裨益。

尤其是关系密切的深港之间，也应考虑合作创立多种类的深港交易平台。港交所近期公布计划要在2017年内，在前海地区复制一个LME（伦敦金属交易所），而港交所和深圳市政府正在考虑该平台的股权合作，这当然可以看作深港交易平台的一个起步。尽管一开始这个平台仅有基本的金属交易，随后再扩展到有色金属交易，而且暂时不允许海外投资者交易，但这一平台的发展目标是最终与境外市场联结，将股市上的互联互通完整复制到期货市场。

目前全球科技创业成风，但无论是内地还是香港的股市，受限于制度、技术等因素，只能眼睁睁地看着众多中国内地企业前往美国、新加坡上市，导致墙内开花墙外香。同时，日本、新加坡和中国台湾的交易所，也正在计划启动类似沪港通、深港通的互联互通机制，以抗衡中国沪深港三市联合带来的冲击，以此争夺更多的市场份额。

创新互联互通平台

对此，已经在股市、期货方面有共通合作基础，又有互补特色的深港两地，应以创新的精神和创业的态度来拓展合作，考虑在深圳前海地区共创新的港深交易平台。

该交易所可如前海 LME 一样，由港深两地合资，并且共同经营和管理，在交易平所的规则、制度和技术等设置上进行创新，在考虑内地和香港市场现实的前提下，结合采用美国的交易所或欧洲、澳大利亚等地交易所的规则，以人民币取代美元、港元，作为交易和结算货币。在上市的要求上，既要接地气，无须过于高大上，又要有所创新，在顾及两地市场现实情况的同时，汲取欧美交易所的精华，创造一个崭新的交易平台，以此吸纳准备前往美国上市的企业，以及迎接已在美国上市却有意回归的企业。

此外，全新、开放的交易平台以中国为纽带，可深化各国商界的关系和经济的联系，也将有助于增加"一带一路"沿线国家对中国的认同。随着全球各国金融系统趋于互联互通，金融语言已逐渐成为国际共同的语言，各国民众对企业上市，股价、股市的波动等共同的体验，已产生了具有广泛认同性的"通感"。在这种"通感"面前，不同的语言、风俗、民族和国籍都不再是界限。在中国未来与"一带一路"沿线国家金融领域的合作中，港深交易平台可以给沿线国家的企业，以及前往沿线国家投资的中国内地企业、香港企业多一个可供上市的交易所，并以金融语言的方式"润物细无声"般地增加与沿线国家的沟通。

全新的交易平台可摸索出比沪港通、深港通更多的有益经验，推动中国在金融、会计和法律等众多高端服务业乃至相关制度上与国际市场全面对接。两地未来若能共建这样的新型交易平台，应该是港交所、深圳前海地区所乐见、希望促成之事，而且对香港、深圳、中国乃至全球金融市场都有深远的意义。

此一交易平台对全球金融市场有深远意义的原因，是在环球金融市场接连遭受袭击、动荡难安之际，新型交易平台有助于发挥环球金融市场避风港之效，人民币也将有可能发展成为国际货币。

国际金融新避风港

在新型交易平台或可作为国际金融市场的避风港问题上，笔者此前曾在多个公开场合指出，在 2008 年爆发环球金融危机之后，美国经济、金融市场立陷困境，为挽狂澜于既倒，美国推出了量化宽松政策（QE）。该政策其后引发多国央行跟随，令全球各地金融系统各方面都高度同质化，这种同质化实际上扩大了风险的关联性，从而增大了整体脆弱性。如果多数金融机构共同的风险假设被证明是错误的话，整个金融系统都会受到感染，在未来三四年或会引发新一轮的环球金融危机。

除了上述因素有可能引发下轮环球金融危机之外，笔者相信至少还有以下几个因素或将引爆环球金融危机。

其一，欧洲多家银行接连陷入财困，易引爆金融危机。虽然环球银行体系看起来较上几次金融危机时更为健全，但实质未然。在 2016 年 10 月，除了德国最大市值的上市银行德意志银行深陷巨额亏损、股价下跌、市值缩水等的危机之外，身为欧洲第三大经济体的意大利，该国金融业的不良贷款比率高达 18.1%，不但远超 5.7% 的全欧元区平均值，且该国这一比率更是美国的 10 倍。即使在 2008 年爆发环球危机之时，美国银行业的不良贷款比例也仅为 5%。

屋漏偏逢连夜雨，除了意大利银行的 3 600 亿欧元不良贷款中，2 100 亿欧元确定为坏账之外，近年欧洲央行的负利率政策，对意大利银行业的获利能力已是一次重击，更加深其困境。而英国脱欧普遍加重了欧洲银行的压力，欧洲央行将维持更久的低利率，以此希望力阻英国脱欧对欧元区的冲击。这很可能引爆意大利银行全面危机，进而容易引发欧洲乃至环球金融危机。

其二，全球债务过度膨胀，存在爆发危机的风险。国际货币基金组织的数字显示，全球债务水平已亮起了红灯，截至 2015 年年底，全球债务高达 152 万亿美元，占全球国内生产总值（GDP）总规模的 225%，当中 1/3 是公共债务，占全球 GDP 总规模的 85%。加上目前在各国央行只有更宽松，没有最宽松的货币政策下，环球金融市场充斥着大量廉价资金，触发全球企业大举借"便宜钱"。有国际评级机构估计，全球企业债务规模有可能由当前的逾 50 万亿美元增至数年后的 75 万亿美元。

在这种全球杠杆化、泡沫化之下，一旦未来几年利率回升上涨、经济持续萎靡不振，将极大增加企业的偿债压力。若届时企业偿债能力出现问题，且银行收紧信贷，将引发企业破产潮，银行亦将遭受重击，随之引爆环球新一轮金融危机。

其三，大宗商品价格持续低迷，增大了爆发主权债务危机的风险。大宗商品价格暴跌加剧了大宗商品生产国的财政困难，如原油价格近期虽有回升，但仍是从最高点下跌了70%至80%。不少原油出口国出口收入大幅下滑，但财政支出却难削减，导致财政赤字愈来愈高。若包括原油价格在内的大宗商品价格持续低迷，容易引爆这些国家的主权债务危机，进而引发金融危机。

而且，大宗商品价格长期低迷，扩大了大宗商品出口国的经常账户逆差，若经常账户逆差持续扩大，将会给这些国家的货币带来贬值压力。部分大宗商品出口国的货币这两年来已贬值超过30%，部分贬值接近60%。1997年的亚洲金融危机，正是由亚洲货币贬值开始而逐渐演变成金融危机的，现今如多国货币汇率持续贬值，也将容易引发一场世界范围内的金融危机。

如果未来两三年内爆发环球金融危机，笔者认为，届时港深交易平台将不是一个选择，而是一个必需。这是因为中国强大及雄厚的经济实力，以及"一带一路"倡议的推进，有助于扩大全球总需求及促进世界经济的发展，此无疑有助于既与国际金融市场有关联，但又较为独立且有中国坚强后盾作依靠的港深交易平台的发展，并将会令愈来愈多的企业选择到港深交易所停泊和发展。

助推人民币成避险货币

使用人民币作为交易和结算货币的港深交易平台，也有助于推动人民币发展成为国际避险货币。

2008年爆发环球金融危机之后，国际市场对美元价值及由美元主导的国际金融质疑声不绝，美国政府有关"美元是我们的货币，却是你们的麻烦"的做法，令国际市场上有不少声音希望改变美元拥有

"嚣张特权"这一国际货币秩序。而且，各国也希望避免因采用美元作为主要结算货币，而必须承担汇率波动风险、信用风险、贬值风险和要承受因美国转嫁金融危机而殃及本国经济金融体系等的风险。

但是，由于欧元、英镑及日元所在区域、国家经济增长乏力，汇率也显著波动，可供国际社会选择的国际货币并不多，已经正式被纳入国际货币基金组织 SDR 篮子内的人民币，将成为一个新选择。

由于港深交易平台使用人民币作为交易和结算货币，各国企业通过交易平台筹得人民币，不但有助于推动人民币的国际化，也可通过扩大、提高人民币在国际货币体系中的流通和地位，既增加安全的国际储备资产的供应和选择范围，降低对美元这一国际主要储备货币的依赖性，又减少了美元汇率波动对国际市场造成的冲击。

因此，一旦爆发环球金融危机，有可能更加吸引各国将人民币作为避险货币，从而增持人民币，甚至还会增大国际大宗商品以人民币作为标价和结算货币的可能性。这无疑将提升人民币的汇率，扭转人民币汇率波动加剧的态势。

总而言之，深港通肩负的责任更大，不会固守沪港通模式，未来从"通"致"融"和"新"才是它真正的生命力，以及成败的关键。以中国内地、香港两大市场为基础，全新、开放的交易平台将成为中国金融市场对外开放以及"一带一路"倡议的重要纽带，深化世界各国在经济、金融领域的联系，以及推动人民币进一步国际化。

当然，必须承认的是创建港深交易所说易行难，不但需要港交所与深圳前海地区的共同努力，也需要香港与深圳、广东，乃至人民银行、两地证监会等部门的通力协助，更需要得到各界的认可，达成共识，才可成事。

深港通意义何在？

中国社会科学院世界经济与政治研究所国际投资研究室主任

财政部国际经济关系司高级顾问

张明

"深港通"已获批，证监会同时还取消了深港通和沪港通的总额度，标志着进一步减少对资本流动的限制。

将沪、深、港三个市场打通对中国金融市场开放的意义重大，海外资金将可以真正对中国标的进行配置型投资，也在客观上推动了人民币国际化的进程。深港通的实施可能在未来一段时期内给投资者情绪带来积极影响，提振市场信心，但对此类短期效应没有必要高估。

长期来看，经济基本面仍然是支撑市场表现的关键，顺利有序地完成三地市场的互联互通，建立长期可持续的机制保障，而避免对接中出现摩擦才是当务之急。

2016 年 8 月 16 日，市场期盼已久的"深港通"获得国务院批准，并于第四季度正式通车，证监会同时还取消了深港通和沪港通的总额度，相当于进一步减少了对资本流动的限制。与 2014 年 11 月启动的"沪港通"一样，"深港通"的获批与两地总额限制的取消将是中国资本市场对外开放道路上的里程碑。

深港通的意义：以开放的新姿态构建完备大市场

　　与沪港通相仿，深港通的主要目的是为内地与香港（海外）投资者搭建桥梁，使得其可以通过证券公司来购买两地交易所上市的股票。沪港通、深港通的落地和总额限制的取消，不仅意味着中国以更成熟和更自信的姿态在逐步向海外投资者开放资本市场，也标志着沪、深、港三个各具特色的交易所将形成更有效的互通互补。

　　首先，建立统一大市场，优化资源配置。深港通的完成标志着国际投资者能真正投资于代表整个中国经济的股权标的。谈及"沪港通"和"深港通"的效果，最受外界关注的莫过于对资金流向和规模的限制。根据最新政策，深港通启动后将与沪港通一起，不再设置南北双向的资金流动总额度限制，只保留每日净流入额度，即北向130亿元，南向105亿元。总额度的取消意味着中国 A 股市场事实上已经基本实现对国外投资者开放，这也进一步增大了 A 股近期被纳入MSCI 的可能性。从市场规模上看，开放后互联的大市场市值超过了纳斯达克，仅次于纽交所。从资源配置上看，对于额度限制的极大放松有助于增加国内上市公司可比标的，从而使得 A 股真正融入全球的估值定价体系，弥合单纯由监管和套利互动所形成的不合理溢价。

　　其次，形成有效互补机制，推进人民币国际化。沪、深、港三个市场的结构和投资群体都具有极大的差异性，而彼此之间的互联互通可以形成有效互补。从盈利水平来看，三个市场的大多数股票都与中国经济的脉动关系密切；从行业来看，上交所和港交所标的是以金融、能源为主的传统大盘股，而深市则主要包括信息、医疗等新兴产业，其估值水平也远高于沪市与港市；从投资者结构来看，港股投资者多为海外投资者，且机构投资者比重约为 80%，而 A 股以内地散户居多，个人投资者比重超过 80%，这也导致深市和沪市的换手率高居全球前两位。长期而言，将各具特色的三个市场打通对中国金融市场开放的意义重大，海外资金将可以真正对中国标的进行配置型投资，也在客观上推动了人民币国际化进程。

深港通的效益：风物长宜放眼量

深港通的实施可能在未来一段时期内给投资者情绪带来积极影响，提振市场信心，但对此类短期效应没有必要高估，而应风物长宜放眼量。

第一，短期的炒作情绪已经有所透支，重在避免市场机制在互通互联中产生摩擦。在国务院批准深港通之前的两个交易日，沪深 300 指数累计上涨 5%，创下五个多月以来的最大涨幅。尽管沪港通在开通之后数月内都伴随着大幅上涨行情，但指数的提升主要源于当时的国家牛市氛围，而投资者的热情的逐渐降温也导致每日交易额度常有富余。考虑到目前 A 股仍处于箱体震荡的行情中，深港通的开启可能带来短期的提振，但不需要寄望由此造就牛市。长期来看，经济基本面仍然是支撑市场表现的关键，顺利有序地完成三地市场的互联互通，建立长期可持续的机制保障，而避免对接中出现摩擦才是当务之急。

第二，南北不对称流动的现象仍可能发生，人民币汇率贬值风险需要考虑。从沪港通的实施情况来看，过去近两年时间里，南下资金的热度明显高于北上资金。截至2016年8月，沪股通可用余额仍超过一半，而港股通额度则仅剩约两成。这一方面与股灾之后A股市场表现不佳有关，另一方面也与人民币计价资产的回报率下降和港股的低估值吸引力联系密切。从北上资金的流向来看，市值高、估值低的个股更受追捧，考虑到深市大多为市值低、估值高的新兴产业股票，其吸引投资的热度也有待观察。另外，从沪港通的经验来看，人民币汇率贬值和南向资金流动有一定的相关性，且在2015年年底美联储第一次加息后尤为明显。在深港通实施并增加额度后，人民币贬值预期的重燃或将加速资金的南向流动，这也可能造成进一步的贬值压力。

第三，深港通将带来新的投资机会，并有助于推进资本市场制度建设。尽管深港通不一定会给正处于调整期的A股市场带来持续性的利好，但其开通无疑将带来长期的投资机会。首先，深圳是中国经济最具活力的区域之一，众多成长性的企业对国际投资者自然有独特的吸引力。不同于与香港市场行业分布有一定相似之处的沪市，深港两地的开放融合将孕育新的投资机会，带给海外投资者直接投资于中国新经济的机会。其次，深圳可以借助深港通实施的契机，进一步完善市场制度。香港市场拥有完善的交易制度和丰富的市场工具，且投资者大多来自海外，为专业的投资机构。随着深港通的开启，深圳可以近距离借鉴香港的各项制度，进一步完善配套政策。

（本文作者还包括：郑联盛、王宇哲、杨晓晨、周济）

从沪港通到深港通，
中国资本市场双向开放再提速

中银国际董事总经理
　　　　　　　　　　　　程漫江
首席经济学家

2014 年 4 月，中国证监会与香港证监会联合发布公告，宣布开展沪港股票市场交易互联互通机制试点（以下简称"沪港通"）。2014 年 11 月沪港通正式启动，从机制上建立了两地资本市场的联通渠道，自此内地资本市场将融入国际资本市场的汪洋大海，堪称中国资本市场双向开放里程碑式事件。时至今日，沪港通开通已接近两年，整体运行平稳，为接下来包括深港通在内的一系列资本市场开放和人民币国际化进程打下了坚实基础。

1. 沪港通平稳运行为深港通打下了坚实基础

中国经过 30 多年的改革开放，已成为全球制造中心和商品贸易大国，企业国际化进程向纵深发展，"走出去"规模不断扩大，居民资产配置需求持续上升，资本市场开放是中国改革开放进程的自然组成部分，也是中国迈向大国开放经济的必然阶段。QFII、RQFII 和 QDII 的制度安排虽然为境内外投资者参与跨境证券投资打开了窗口，但是受额度限制和机构投资者身份的制约，其难以满足境内外居民日益增长的跨境多元化资产配置需求。截至 2014 年上半年，沪港通正式开通前夕，中国外汇储备接近 4 万亿美元，香港离岸人民币存款（包括存款证）超过 1 万亿人民币，人民币货币互换规模高达 2.6 万亿人民币。随着居民收入水平的日渐提高和人民币跨境交易的不断使用，丰富本外币投资产品、拓宽人民币跨境投资和回流机制的需求也逐渐高涨。

"好风凭借力，送我上青云"，沪港通在核心上实现了跨境证券投资的互联互通。沪港通的创新之处在于它能在不改变现有法律和投资者习惯的前提下，通过合作模式的创新设计允许两个不同市场的投资者直接跨境参与对方市场的交易，这在国际上还没有先例。在制度设定上，沪港通要求投资者卖出资金必须回到其原始账户，不能留在对方交易市场上，建立了资本的回流机制。同时，沪港通在香港人民币离岸市场完成换汇活动，沪港通限制总额度和每日额度的设定降低了大规模资本跨境流动对市场造成的波动风险。沪港通初期，沪股通和港股通的总额度分别为 3 000 亿元和等值的 2 500 亿人民币，每日额度分别为 130 亿元和 105 亿元。按照跨境净额度结算原则，全年 500 亿人民币和每日 25 亿人民币的净额度相对当时香港上万亿的人民币存款来说，能够造成扰动的因素有限。

沪港通主要通过放大交易情绪，反映资本流动的预期来影响资本市场表现。在使用中，由于沪港通的成交金额较小，对股票市场尤其是内地股票市场造成的影响相对有限。沪港通的影响渠道主要在于通过反映甚至放大交易市场的情绪来影响预期，跨境资本的实际流动方向既受当地情绪的影响，又可以反过来向当地投资者传递跨境资本的预期。在个股选择上，沪港通还起到了"取长补短"的作用，可以通过补充对方稀缺标的来向投资者提供更多的投资选择。

沪港通在实际操作中对两地资本市场的影响能力不同。港股通对香港资本市场的影响范围较大。第一，港股通的股票范围是联交所恒生综合大型股指数、恒生综合中型股指数成分股和同时在联交所、上交所上市的 A+H 股公司股票，公告发布时就已涉及股票 264 只，约占联交所上市股票市值和交易量的 80%。第二，香港交易所的成交金额相对较小，2015 年日均成交金额在 800 亿人民币左右，在极端情况下，最多 105 亿人民币的港股通每日净额度可能会对港股造成较大影响。实际上，自 2014 年 11 月沪港通开通以来，港股通标的股票交易显著提升。2016 年前 9 个月，港股通成交额占港股成交额的月均比例已经接近 5%，其中 9 月当月的比例更是超过 10%，高于开通初期 2%~3% 的交易占比。第三，2016 年以来，作为港股通标的的恒生大中型股票指数表现也明显好于不在标的范围的小型股表现。截至 10 月 25 日，恒生综合指数 2016 年已经上涨 5.7%，恒生大型股指和中型股指分别上涨 7.1% 和 2.1%，而恒生小型股指则下跌 3.1%。而从 2000 年到 2013 年的历史经验来看，恒生综合指数上涨阶段，小型股因为较高的风险溢价一般表现要好于大中型股票。

沪股通对内地资本市场的影响有限。相对香港交易市场，上海交易所股票数量更多，成交金额更大，沪股通在实际操作上能够对内地股票造成的影响有限。试点初期沪股通的股票范围包括上证 180 指数及上证 380 指数成分股以及上交所上市的 A+H 股公司股票，符合标的股票约占上交所股票交易数量的一半。2015 年上海交易所的日均成交金额在 5 000 亿元左右，最高时可达到日均 8 000 亿~9 000 亿元的成交量，即便是极限情况下，沪股通能够造成的影响也相对有限。

沪港通一方面可以通过"放大"交易情绪，体现未来预期，另一方面通过"取长补短"补充稀缺资源，丰富投资标的。沪港通使用额度较多的时候往往对应着两地交易所表现较好的时期，反之亦然。而沪港通资金的净买卖也可以作为跨境资本流动的指标，反映市场预期。比较明显的例子是 2016 年下半年以来，受港股估值水平较内地 A 股具有吸引力，内地资金提前南下布局深港通的影响，港股通资金净流入规模扩大。2016 年 5 月到 9 月，港股通的月均净流入超过250 亿人民币，远高于 2016 年第一季度不足 100 亿人民币的月均流入规模。个股选择上，沪港通可以根据两地投资者结构和偏好不同，补充个股交易标的，满足投资者更丰富的配置需求。沪股通交易主要以海外机构投资者为主，偏好估值低、股息率高的大市值蓝筹股，如中国平安、中信证券、民生银行、兴业银行、招商银行等。同时，海外投资者也会优先考虑在香港无法投资的 A 股特有上市公司，如高端白酒贵州茅台、中国最大的乳品企业伊利股份、中国最大的汽车制造公司上汽集团以及中国规模最大的新能源客车生产商宇通汽车等。港股通的交易主要集中在 H 股折价幅度较大的公司，港股特有的品牌认知度高的上市公司以及低估值、高股息的内地银行股。

沪港通的顺利实施为深港通的推进打下了基础。时至今日，沪港通开通已经满两年，整体运行稳定、安全，为深港通的实施打下了基础。自开通以来，沪港通交易的日益频繁，沪港通使用额度也不断扩大。2015 年年底，沪港通与港股通分别使用 1 197 亿人民币和 1 083 亿人民币，分别占各自总额度的 39.9% 和 43.3%。截至 2016 年 8 月 16 日沪港通总额度取消前，沪股通和港股通的总额度使用已经分别上升至 1 550 亿元和 2 054 亿元，分别占各自总额度的 51.7% 和 82.2%。沪港通的顺利实施提供了一把内地股市打开境外成熟股票市场之门的安全钥匙，为未来内地和全球股票市场的深度合作提供了更多的路径参考。

2. 深港通更进一步，三大交易所市场再融合

2016 年 8 月 16 日，中国政府宣布已批准《深港通实施方案》，两地证券监管机构随后发布《联合公告》，对"深港通"的启动和"沪港通"的推进做了进一步说明，预计 4 个月后即最快 2016 年年底正式实施"深港通"。深港通开通后，内地与香港之间的股票市场交易互联互通机制将包括沪港通下的沪股通、港股通与深港通下的深股通、港股通共四个部分。深港通的主要制度安排参照沪港通，遵循两地市场现行的交易结算法律法规和运行模式。

与沪港通相比，深港通最大的特点在于扩大了总体的可交易规模，并将两地市场的投资标的进一步扩大到了新兴行业集中的中小股票上来。深港通开通后，不再设总额度限制，深港通每日额度与沪港通现行标准一致，即深股通每日额度为 130 亿元，深港通下的港股通每日额度为 105 亿元。同时，沪港通总额度取消，于此公告之日起即时生效。深股通的股票范围是市值 60 亿元及以上的深证成分指数和深证中小创新指数的成分股，以及深圳证券交易所上市的 A+H 股公

司股票。与沪股通标的偏重大型蓝筹股相比，深股通标的充分展现了深圳证券交易所新兴行业集中、成长特征鲜明的市场特色。深港通下的港股通的股票范围则在沪港通的基础上新增了市值50亿港币及以上的恒生综合小型股指数的成分股。经初步测算，深港通开通后，两地互联互通机制将覆盖A股市值的80%左右，覆盖港股市值的87%左右，为实现中国内地股市与香港股市的全面对接和整体融合迈出了关键的一大步。

由于深市A股的估值较港股高很多，深港通的实行将进一步推动内地资金南下，为香港股市带来新一批内地投资者，令港股市场更加多元化。目前，深港两地市场估值差异较大。相对深圳A股市场而言，香港小型股普遍具有低市盈率、高股息收益率等优势。从细分行业角度分析，香港小型股几乎在各个行业均具有一定估值优势，尤其是在石油天然气、金融、电讯服务、公共事业、原材料及信息科技等行业。因此，深港通将扩大南下资金规模，增加香港市场整体流动性，尤其是活跃香港中小股票市场交易，提升市场估值水平，扩大对中小企业和创新型企业的吸引力，在短期内对首次公开募股（IPO）市场具有积极提振作用。

深港通将与沪港通产生显著的协同效应，对两地股票市场情绪、投资者结构和交易行为产生一定影响。"深港通"和"沪港通"借助香港这一国际资本的自由港作为中转站，向境外投资人提供了更为丰富的人民币投资产品，有利于吸引境外机构投资者，改善内地股票市场以散户为主的投资结构，而香港上市企业的较低的估值水平和中国家庭日益增长的境外资产配置需求相结合，有助于扩大香港资本市场的参与主体，改善当前香港资本市场的以海外投资者为主体的结构，稳定资金来源，提高市场流动性，增强对国际资本冲击的抵抗能力。

沪港通在核心上实现了互联互通的突破，而深港通则将实现上海、深圳和香港三大交易所的真正互联互通，形成一体。这对于中国资本市场的发展壮大和对外开放都将是一个全新的里程碑。深港通是在沪港通之后推出的两地资本市场进一步互联互通机制，是沪港通的升级版。深港通有利于盘活深交所和港交所的存量，活跃交易，扩大两地投资者的投资渠道，提升市场竞争力，为中国资本市场跻身全球前列奠定基础。如果未来三地交易所进一步融合，有望打造一个位居全球最前列的证券市场。

3. 从沪港通到深港通，稳步推进中国资本市场的双向开放

"十三五"规划要求"有序实现人民币资本项目可兑换，提高可兑换、可自由使用程度，稳步推进人民币国际化，推进人民币资本走出去"。人民银行在 2015 年 6 月发布的人民币国际化报告中提出，将进一步推动人民币资本项目可兑换，包括完善"沪港通"和推出"深港通"，允许非居民在境内发行除衍生品外的金融产品。李克强总理在近期国务院常务会议上表示："资本市场在内的金融业对外开放，是中国整体开放的重要组成部分，对提升我国金融业的国际竞争力和服务实体经济的能力发挥了重要作用。"

沪港通和深港通是中国资本市场双向开放的重要一环。从长期来看，沪港通和深港通等一系列两地互联互通的改革并非一个孤立的政策。2014 年启动的沪港通实际上就是资本项下开放的一个试验区。沪港通之后，中国继续循序渐进地促进资本市场的双向开放，出台了

一系列推动资本账户改革的措施，包括向境外央行类机构投资人开放银行间债券市场和外汇市场，内地和香港基金互认，实施全口径的跨境资本宏观审慎管理和人民币汇率中间价改革等。深港通启动的时机，适逢中国举办 G20 杭州峰会和 10 月人民币正式纳入 SDR 货币篮子前夕，也是意在兑现承诺，向国际社会释放中国将持续推进结构化改革、资本项目开放和人民币国际化的决心，对于改善国际投资者对中国进一步改革开放的预期具有积极意义。

从沪港通到深港通，中国资本市场双向开放任重而道远。尽管沪港通和深港通过制度安排提供了资本项下的跨境资金流动渠道，实现了内地和香港资本市场的互联互通。但不可否认，沪港通和深港通这种"闭环"设计本身其实是针对中国资本账户尚未完全开放背景下的一种制度创新。尽管取消了总额度限制，沪港通和深港通依然设定了每日额度限制，在实施初期虽然保证了交易运行的整体稳定，但也在客观上限制了跨境资本的流动规模。对于中国香港以外的资本市场，中国内地还尚未建立联通机制。中国资本市场对内还需要继续完善交易和监管制度，加快人才培养，丰富金融产品设计，缩小和国际资本市场的差距，对外则需要继续加强与国际资本市场的沟通联系，便利人民币在跨境投融资活动中的使用，提高对跨境资本的长期吸引力。整体来看，中国资本市场双向开放的任务任重而道远。

沪港通和深港通都是人民币国际化战略布局的重要步骤。两地互联互通促进了资金双向流动，使得人民币能够以投融资的形式通过资本市场回流到境内，从而建立离岸人民币和境内人民币两个资金池的双向流动机制。同时，两地互联互通拓展了境外人民币投融资、交易的渠道，并且随着离岸人民币市场的纵深发展和交易产品更加丰富，人民币的投融资交易功能将会进一步强化。两地互联互通为资金在香港和内地双向流动搭建了新的桥梁，既增加了境外人民币的投资渠道，又提高了香港离岸人民币的流动性，更深远的意义还在于它将促进内地资本市场的完善，为人民币作为国际货币的长期竞争力提供支持。

沪港通和深港通的推进有利于巩固和提升香港作为离岸人民币金融中心的地位。香港作为重要的国际金融中心，是全球离岸人民币业务的枢纽，而在内地对外开放中，跨境贸易和投资规模扩大带来的人民币需求业务不仅是人民币国际化推进的天然动力，更是香港作为亚洲金融中心的竞争优势所在。沪港通实施后，内地股票成为香港新的人民币产品。深港通的推出，将与沪港通产生显著的协同效应，海外投资者可选择的投资标的将更加全面，更加丰富，大幅提升内地股票对海外资金的吸引力，进一步支持香港发展成为离岸人民币业务中心，深化了内地与香港金融合作，巩固了香港作为内地资本市场和国际金融市场"超级联系人"的地位，提升了香港作为国际金融中心的地位。

二、深港通政策面面观及市场影响

从深港通看中国资本市场开放

交银国际董事总经理
研究部主管　　　　洪　灏

　　股票市场开放是中国迈向资本市场开放和人民币国际化的一大步。在 20 世纪 80 年代，韩国曾经实施了严格的资本管制。韩国市场规模小、流动性差而且被若干大户所操控，1984 年 11 月 11 日，韩国财政部准许财务状况健康的企业于国际市场发行可转换债券和预托证券（ADR），此举被视为至今为止韩国市场开放最重要的一步。这项政策，加上 1984 年于纽约证交所上市的韩国基金，为韩国引入了外国资本。消息公布后仅数日，韩国证交所交易额和股指双双暴涨。到 1986 年年初，在"三低"（低韩元汇率、低国际利率和低油价）的共同作用下，韩国综合股价指数（KOSPI）在四个月内翻番。韩国的股票市场终于走出谷底，直至 20 世纪 80 年代后期再陷入长达十年的牛皮市。

　　在最近中国资本市场的发展中，这些因素，如低利率、低油价等都似曾相识。无论是沪港通、B 股转 H 股、放宽 RQFII 和 QFII 额度管理、可转换债券发行，抑或向境外机构投资者开放银行间债券市场，似乎都在借鉴其他国家之前资本市场改革的成功的要素。此外，亦可见中国开放资本市场是采取循序渐进的审慎态度。

沪港通于 2014 年 11 月 17 日正式开通，到 2016 年，回望过去两年，沪港通的表现离市场预期的火爆程度相距甚远。若以最初制定的南北向额度衡量，至今北向额度只用了近一半，而南向额度则是深港通预期作用以及放开内险资金之后，才于近期突破了 2 500 亿元。在估值方面，也未能如预期般为 A 股引进价值投资并收窄 A/H 股之间的估值溢价。沪港通开通后的一年中，小盘股和创业板继续跑赢大盘蓝筹股，而两地市场之间的估值差距反而更大，这些实际情况令市场大跌眼镜。

然而在过去两年，沪港通平稳运行，并未给市场带来动荡，资金借道大量外流导致人民币汇率不稳定的担忧也并未发生。作为内地与香港两地股市互联互通的试点，这样的成绩或许已经足够。

在沪港通获得阶段性的成功之后，2016 年 8 月 16 日，作为沪港通升级版的深港通正式获批。深股通的股票范围包括市值 60 亿元及以上的深证成分股、深证中小创新指数成分股及深圳证券交易所上市的 A+H 股；深港通下的港股通将会扩充市值 50 亿港元及以上的恒生综合小型股指数的成分股。从股票范围上看，深港通在中小盘股和创业板股方面对沪港通进行了补充。此外，ETF 也将成为新的交易品种。深港通不再设有总额度，同时沪港通的总额度限制也将一并取消。之后，深港通开通前的各项准备工作开始紧锣密鼓地进行。

港股市场从 2016 年年中开始逐步与 A 股产生分歧，尤其是 8 月之后，分化愈加明显，市场共识认为港股近期的上涨行情得益于深港通，并认为 A/H 股溢价有望在深港通推出后收窄。然而，深港通的股票池标的和已运行接近两年了的沪港通有很大的交集，而且原有的（包括在港股通里的）标的已占了香港市值和成交额的 80% 和 90% 以上。也就是说，如果市场希望买入这些在香港上市的标的物，早有充分的时间和空间，并不需要等到深港通宣布之后。

与此同时，通过南向互联互通机制的股票成交额只占香港市场总成交额的 15% 左右。因此，尽管这些资金体量庞大，但也并不是市场的主导。这些资金对于市场大盘蓝筹金融股、中资股的偏好反映得更多的是香港指数的构成。2016 年以来，QDII 额度的审批放缓也导致了部分本来应该通过 QDII 到港的资金不得不借道现在已经没有额度限制的互联互通机制。因此，此举使南下资金存在着部分 QDII 资金通道的替代效应。

深港通总额度的取消是一个重要的格局的变化。这个新的机制可以帮助消化 A 股由于流动性泛滥和资本账户隔离，而导致的相对于港股和中概股长期而显著的溢价。市场往往认为在互联互通机制下，港股相对于 A 股的折让将会被逐渐熨平。然而，这种逻辑没有考虑到 A 股被明显高估，而港股在国际资金的影响下，定价反而更真实的一种可能性。

举个例子，比如说浙江世宝，一直是一只颇受关注的股票——它的 A 股比港股估值贵四倍。然而，它的港股市盈率已经在 50 多倍，而 A 股更达到了 260 多倍。很难想象，在一个日渐有效、日益规范的市场里，这个 2016 年和预计 2017 年每股收益将以单位数增长的、2012 年到 2014 年年年亏损的股票会从 50 多倍的市盈率被重估到 260 多倍。

市场共识还认为港股是一个估值洼地。的确，在过去几年里，港股的估值逐步下行，日益便宜。然而，香港指数成分里，金融股的比重非常大，有可能是全世界金融板块占比最大的主要指数。国际市场上的金融板块由于全球收益率曲线的平坦化，经济复苏乏力，以及其他原因，估值早已在很大程度上被压缩了。而香港的国际资金在找估值比较标的时，用的往往是更便宜的国际标的。因此，香港指数估值的压缩反映的是金融板块畸高的比重和这个板块的估值压缩现象。同时，它也是香港经济结构过分单一、严重失衡的一个缩影。

综上所述，深港通是港股上升行情的催化剂，而非原因。港股最近两年的两个低点出现在 2015 年的 1 月，以及 2016 年 6 月底英国脱欧之际。这两个低点恰恰是市场由于全球央行在危机时刻托底，对"无底线"货币宽松坚定了信念的时刻。这种信念更有可能是香港市场近期上涨的主要原因。市场对货币政策的预期已经演绎得淋漓尽致。

到了 2016 年第三季度，香港市场情绪指数已经飙升至历史性的极端，显示着许多利好已经反映在市场价格里。随后，香港恒指单天暴跌逾 800 点，是脱欧后最大的单天跌幅。我的量化情绪模型指数曾在 2015 年六月 A 股泡沫破灭前夕达到过类似的高度。货币政策的效用早已经边际递减了，濒临失效的边缘。长期投资者应该暂停交易，等待更好的买点。

随着深港通开通日临近，港股市场已有动作。小盘股活跃度有所提升，并在 2016 年 9 月下旬小幅跑赢了大盘股。但互联互通南下股票池交易额相对于香港市场总交易额的占比已见顶：市场对深港通计划的期望持续升温。共识普遍相信深港通概念股将会受惠，而其正面的影响将扩散到整个市场。如是，与深港通有关的个股至少应该出现以下两个交易情况：一是，由于市场对这些个股的热情提升，其成交额的占比理应相应增加；二是，基于资金持续流入这些个股，其整体表现应跑赢大市。只有以上两项情况成立，我们才可以确认深港通股票池标的将受惠于深港通计划的开通，并带动市场上涨。

在港股市场上，深港通与沪港通南下的股票池标的的股票高度相似。沪港通南下股票池（港股通）包括了恒生大型、中型股指数里的 312 个成分股。深港通南下股票池包括了恒生大型、中型股指数成分股，以及恒生小盘股指数里市值大于 50 亿的约 100 个成分股。

因此，在已有的沪港通机制里，沪港通南下（港股通）股票池市值已经占香港市场除创业板外市值的 80% 以上，交易额占香港市场除创业板外成交量的 83%。深港通扩容后，新增加的近 100 只股票仅能提高 10% 的市值占比，或 5% 的交易额占比。简单地说，深港通机制并没有显著地扩大沪港通现有机制里股票池对整体市场的包容度——因为在原有的沪港通机制里的股票标的已然是市场的主体。

我们通过量化分析发现，深港通概念股的成交量占港股总成交量的比率维持窄幅波动。交易额占比较 2016 年 5 月初的低位有所回升，但也从 93% 的顶部回落。此外，在有关深港通计划宣布后，尽管两地股市在沪港通消息公布当日反应热烈，恒生小盘股指数（HSSI Index）至 2016 年 9 月下旬也仅微幅跑赢恒生中大市值股票指数（HSML Index）。而换言之，深港通开通似乎没有显著改变香港市场现有的交易格局。因此，尽管深港通宣布后香港市场有所上涨，但是深港通的到来并不能完全解释最近香港市场的涨幅，否则许多标的在两年前沪港通出来的时候就可以买了。

海外资金流入未出现明显异常，市场近期的利好预期已很大程度上被反映在市场价格里。市场还普遍认为南下资金流入是市场前期反弹的主要推手，因为港股通渠道的额度使用量、日均交易额与整个市场的交易额占比都显著上升。然而，在深港通计划宣布后至 2016 年 9 月初的这轮反弹中，南下资金额度平均每日的使用在 30% 左右，仅占香港市场总成交量的约 15%。因此，香港市场仍然是被非参与互联互通的资金所主导。当然，市场的走势总是由边际资金决定，而新增资金的选股取向也将影响着市场上其他资金的流向。

同时，资金流向的数据也描绘出一个相似的情形。我们统计了全球主要的中国 ETF 基金，其占所有中国 ETF 基金资产管理总规模 98% 以上。我们发现，这次反弹中大盘股资金流入中国离岸市场的情况与过去几年没有任何区别，但在 2016 年 9 月中下旬海外资金流入量有小幅回升。一如既往，境外 ETF 资金净流入与香港恒生中国企业指数（HSCEI）的表现是同步并高度相关的。我们的数据显示，离岸中国市场 ETF 资金流量尽管在脱欧之后有所回升，但是在 2016 年 8 月 16 日深港通宣布以来并没有出现显著的净流入。即使在 10 月下旬资金再现净流入，然而并没有出现显著的异常现象——如 2015 年三四月份的资金大幅流入的情况。当然，ETF 正式纳入互联互通计划的提议仍然在讨论中，但是在最终将被纳入的预期下，非南下资金也应提前布局。

与此同时，我们看到小盘股的回报与资金流向却出现了与历史不同的走势。2016 年以来，投资小盘股 ETF 的海外资金流入相对平稳，然而小盘股仍能走出一波向上的行情，与历史走势不一致。因此，市场上应该有其他渠道的资金已经提前炒作香港小盘股。

深港通的开通在短期内更具挑战性：沪港通开通时，虽欧美货币政策出现分歧，但国内流动性尚佳，中国的房价调整进入尾声，货币政策到达由紧转松的拐点；同时人民币大幅升值逐渐巩固市场信心，资本外流压力较小，沪港通的开通成为A股走向牛市的催化剂之一。然而，深港通开通之时，除了美国大选、美联储加息、欧央行QE悬念等外围市场的不确定因素，投资者对全球央行是否延迟宽松持有怀疑态度，市场对全球流动性拐点的确立争论不休，全球债券市场抛售潮加剧。而国内的货币政策边际收紧，房市步入调整，人民币大幅贬值，不断加剧资本外流压力。国内外市场危机四伏，深港通在2016年最后两个月择时开通在短期或给市场带来挑战。

　　但长期来看，深港通开通后，港股的游戏规则将逐渐发生改变。香港市场开放度高，资金流向受国际因素影响较大。美联储加息预期反复，全球市场波动和英国意外"脱欧"，均引发资金出逃，拖累港股表现。而A股市场主要受国内流动性影响，外围因素对其影响较小。随着内资的不断流入，内陆的流动性影响加剧，而国外市场对其的影响将逐步减弱。同时，随着两地互联互通进程的深入，AH股的估值差异也将逐渐缩小。

　　连同最近大家都谈到的中国版的"马歇尔计划"，内地与香港的互联互通是人民币国际化的重要组成部分。第二次世界大战后，美元通过布雷顿森林体系成为国际货币系统的核心。然后，美国通过马歇尔计划使境外美元的供应量大幅增加，形成美元在岸/离岸流动的循环。尽管布雷顿森林体系于20世纪70年代的崩溃影响了市场对美元的信心，然而石油美元体系最终奠定了美元作为国际贸易定价和清算货币的地位。同时，美国依然维持其在科技领域里的领先地位。

另外，日元国际化的最终夭折更多是因为日本未能持续地在亚洲地区行业发展的产业链里维持其主导地位。当然，日本无法仅凭日元贷款扩充海外日元的供应也是主要因素之一。这些其他国家主要货币的国际化之路，对于累积了3万亿美元的外汇储备的中国来说，可以作为人民币国际化之路的它山之石。

但人民币国际化之路也须佐以中国资本账户的开放。近年来，中国通过"走出去"战略和"一带一路"政策，向非洲、中东、中亚、拉美等发展中国家提供了国家贷款以辅助贷款国的基础设施建设，在消耗中国过剩产能的同时，也助力人民币"走出去"。但由于人民币未实现自由兑换，这些政策对人民币国际化的推动力远小于当年美国"马歇尔计划"对美元的作用。但随着深港通的落地，未来的债券通、期货通、衍生品通及更多资产的互联互通亦可期，中国的资本账户开放与人民币国际化进程正逐渐加速，届时，中国版的"马歇尔计划"将助力人民币实现全球性扩张。

互联互通与香港资本市场：
是目的地市场， 更是门户市场

香港交易所首席中国经济学家
中国银行业协会首席经济学家　　巴曙松

　　沪港通和深港通奠定的内地和香港的互联互通框架，使得香港资本市场的功能得以强化。在这个互联互通的平台上，香港市场是一个具有国际影响力的投资目的地市场（destination market），同时更是一个连接中国内地与国际市场的独特的门户市场（gate market）。

　　从沪港通启动之后的市场运行看，虽然沪港通的交易量占当地市场的交易量稳步上升，但是远远没有达到改变主场交易习惯的水平。虽然深港通取消了总限额，引入了保险资金等新的机构投资者，但是，可以预计，深港通启动之后，由于内地和香港具有不同的交易者结构、监管体系等，两地市场的差异将在较长时期内存在。这其实也为通过港深沪互联互通平台进行投资的投资者提供了更多的投资策略的选择，也对这些投资者提出了更高的要求。那就是：要更深入地了解不同市场的运作规律，特别是香港市场作为一个国际市场，与内地的市场在许多方面有很大的不同。

香港市场的一大特点是基础产品非常丰富，支持多种交易策略。在基础产品比较单一的市场，交易的策略往往会比较单一，例如盈利往往主要依靠股票上涨。在一个有丰富的基础产品、可以构建多种交易策略的复杂市场里，涨、跌都有人能盈利。因为它的基础产品十分丰富，能够支持构建多样化的交易策略。

现在有研究者在思考，深港通启动之后会不会有一些资金操纵市场。香港市场有很多小盘股，市值仅有几个亿，如果把它控盘，再拉高炒几倍。这种做法在国内市场也许短期内可行，但长期未必可行，在成熟的国际市场，更要高度小心这种投机思路。姑且不论沪港通、深港通在选择上市公司时，已经确立了一系列的标准来防止这种问题，监管机构也对这些现象保持高度警惕，并且已经积累了相当的监管经验；仅仅就一般意义上来说，成熟资本市场有许多内在制衡的机制。比如香港的投资者以机构投资者为主，他们在进行投资决策时是在全球范围的不同市场上做对比和选择的。比如，全球不同的资本市场在这个行业、这个领域的上市公司一共有多少家，我们打算投资的这个上市公司在香港或全球同类型的上市公司中处于什么样的位置，大概估值多少。

如果有投资者就偏偏说，我就是有钱任性，我就是要把这个行业里面的一家二流公司炒作到市盈率一百倍，即使这个行业的第一流的公司估值是三十倍市盈率，是否可以？也许短期内可以，但你试的时候要注意一系列的制约因素。第一，当然是监管部门的监管，市场行为是否合规值得高度关注。同时，香港资本市场还有哪些制衡机制呢？比如大股东和上市公司闪电配售，股东大会一通过，一定规模的股本再融资不用报交易所审批，就可以直接卖给你。第二，当机构投资者发现，这只股票的估值显著地高于国际市场平均行业的水平，而且也没有特别的理由时，其就可以利用个股期权期货等衍生品做空。所以在深港通开通之前，投资者要参与这个市场，就需要事前充分地了解并熟悉这个市场的运行规则，才能正确地做出进一步的投资。

同时我们也看到，与上海、深圳连起来的香港市场，是全球最大的股权融资市场之一，三个交易所联通起来之后，总市值超过70万亿元。香港交易所过去10年较大比例的增发金额显示，香港市场资金宽裕，而且再融资一般比IPO首发融资的金额更高。在很多年份，增发金额显著地高于首发。香港市场上有着非常灵活的增发机制，形成了一种市场内在的制衡力量。

与此相关，又会产生另外一个大家经常关注的香港问题，即老千股问题，也就是抽水的问题。我们要客观地看待这个问题。在市场上是不是存在这个问题？确实存在。是不是应该从严监管？需要从严监管。但是怎么看待这个问题，如何监管，则需要冷静地评估不同的路径，需要了解不同路径背后的监管逻辑。

有一种思路是要加强审批，设立高标准，例如可对再融资成立一个专门的再融资评审委员会，然后找一批专家来投票把关。但是，值得提醒的是，香港市场的一个重要的优势就是以信息披露为本，保持这个市场运行的高效率，保持对市场的尊重和敬畏。只要上市公司向市场披露足够的信息，投资者愿意接受相应的价格，就可以发行。很多大规模的交易，比如大规模的并购，在用发行股份做支付手段的时候，通常需要快速决定。如果送到监管部门，需要通过监管部门的审批委员会，经过预审、谈话、投票等各种程序，往往就太晚了。我也曾担任中国证监会并购重组专家委员会委员，对此有一些观察。也就是说，以信息披露为本的高效率的融资、再融资机制，实际上是以机构投资者为主导的成熟市场的一个很重要的优势。如果因为个别案例里出现了过度集资抽水的现象，就成立一个专门的部门，比如再融资审批部，来加强审批，那么可以预计，这个部门的审批权力可能就会很大。这个审批的代价必然是使整个市场效率降低，而且一旦有了权力，就容易产生寻租的现象。

这就好像有一个人用菜刀砍伤了人，是否就需要建立一个菜刀监管委员会？对每一个使用菜刀的人，在每次使用菜刀时都要进行登记审批？这种效率的牺牲对于整个市场的发展、金融资源的配置是不是值得？因为任何政策选择，都是一个成本和收益的权衡，不能为了解决一个问题然后又制造出另外一个更大的问题。另外，还需要考虑的是，是不是还有更有效的方案？例如，强化投资者教育，让投资者了解哪些类型、哪些特征的公司有老千股色彩和过度圈钱的历史记录，提醒投资者远离这种公司，也提醒投资者如果投了这些公司之后如何保护自己的利益。可能这才是成本更低、效率更高的选择。

从香港交易所上市公司不同行业的情况来看，整个的行业分布比较集中，金融地产占比较大，中国内地企业的占比较高。从全球来看，不同的交易所上市公司的市值，最多的还是在纽约以及纳斯达克这些市场。虽然上海、深圳和香港市场都名列前十，但是在沪港通深港通启动之前，三个交易所实际上都还是相互分隔的市场，很难以一个合力来形成对全球范围内优秀的上市公司的吸引力。现在如果通过互联互通，把这三个市场加总起来，整个市场的深度会加深，投资者群体会大幅扩大，流动性更好。因此，如果把这个沪港通、深港通的二级市场互联互通延伸到一级市场，就可以不仅在这三个交易所同时进行交易，还可以推动新股的发行。

大家可以想象一下，香港交易所可以和深圳、上海的交易所一道，共同依托沪港通、深港通互联互通形成的这个共同市场的平台，动员和吸引全世界各个行业最优秀的上市公司到港交所上市。其中一个重要的吸引力，就是在港交所以及港、深、沪交易所通过互联互通形成的共同市场，有好几亿的投资者，有三大交易所连成的共同市场。如果一家优秀的上市公司，特别是在中国内地有巨大市场的公司，不参与这个庞大的资本市场，就可能会失去很多流动性和市场影响力。所以沪港通和深港通开启的共同市场如果延伸到一级市场，就能极大地增强对世界一流上市公司的吸引力。

所以，深港通开启了一个互联互通的共同市场时代，具有很多可拓展的空间，提出了很多值得我们进一步研究的新课题。那么，互联互通之后会对香港市场形成什么样的支持？全球目前有三个大的国际金融中心，纽约、伦敦、中国香港，我们称之为纽伦港。与纽约和伦敦相比，中国香港资本市场一个很重要的特点是波动比较大，其中很重要的一个原因是把中国香港当作主场进行中长期配置的资金规模不够，也就是缺少充足的"主场资金"。对香港的上市公司十分了解，愿意长期投资香港市场的中长期资金，我们可将其称为主场资金。

目前全球资产管理市场的份额和格局，还是由欧美主导。根据2015年年底的数据，北美的金融机构管理全球52%的资产，欧洲管理全球28%的资产，所以80%的资金目前还是由欧美的金融机构管理。根据2016年10月公布的统计数据，现在全球管理资产规模最大的资产管理公司贝莱德，管理了5万亿美元的资产；而目前中国最大的公募基金公司大概也就管理了差不多 15 000 亿人民币的资产。所以目前看来，国际市场实际上在很大程度上还是欧美资金在主导。国内中长期的机构投资者，例如保险公司，利用互联互通进行国际配置，不仅解决了国内资金进行中长期国际配置的问题，也为香港市场培育了主场资金，有利于资本市场的相对稳定。

从投资者群体角度来对比，香港市场是典型的机构投资者占主导，特别是国际投资者占主导，而内地的投资者群体实际上还是散户占主导。中证登的统计可以证明这一点，50 万元以下的股票账户在中国内地应当占 80% 以上，而散户容易形成一些典型的羊群效应和交易的噪音。在一个机构投资者占主导的市场，相对来说市场的换手率、各个方面的干扰噪音相对比较小，但是流动性往往不足；同时，部分机构投资者的偏好等导致有一部分优秀的上市公司没有得到应有的关注。

从上市市场的选择来看，要进行境内外上市的相对市场环境的对比，上市过程的对比，以及上市以后再融资和市场影响的对比。如果一家企业打算上市，那么到底在哪上市好呢？我个人以为，应当主要考虑两大因素，上市地和企业本身的行业特点发展阶段，例如，上市地市场的规模，所在行业的估值，所在行业有没有好的投资者，上市募资的审批效率，再融资的审批效率，募集资金使用的便捷性。

比如很多人觉得香港市场估值不高。我们做了一个研究，如果仅仅是比较一般估值水平，香港市场的估值并不高。当分行业来分析时，就会发现，主要是传统产业的估值不高，但是一些适应转型方向的新兴产业估值比较高，比如健康医疗、护理、电子商务，这些行业估值比较高。同时内地 IPO 有一个市盈率的限制，而香港市场就没有。只要投资者认可并看好你，估值多少是投资者和你之间的事情。所以很多香港的上市公司，估值上市的 IPO 的水平可能比内地还高。所以选择上市地时，要分析企业所在的行业的发展阶段、国际国内业务的拓展方向，再对照两个市场的交易规模、募集资金的使用状况。

香港市场根本的特点是上市和交易监管以披露为本，对于公司的好坏，交易所和监管者是不做实质性的事前评价的，主要由投资者根据已披露的充分信息做评价。那么交易所和监管者的职责是什么？披露的信息是否足够？如果足够，在风险大的情况下，投资者仍然愿意买，那是投资者的选择，买者责任自负。但是如果披露虚假信息，上市公司会受到极重的惩罚。我们把最近几年具有代表性的公司上市所需要的时间做了一个总结，发现 3 个月内的有中国邮政储蓄银行和中国再保险集团，也有达到 6 个月的新特能源、盈健医疗，平均的时间在 4 个月，可见香港市场的总体运行效率还是非常高的。

很多人非常关心深港通启动之后，市场会呈现什么样的走向。我们不便对市场做预测，但是可以利用掌握的客观数据，分析沪港通启动之后出现了什么变化，有哪些特征，以此来作为参考，把握深港通启动之后，市场可能出现的新变化。

从上市公司角度来看，互联互通机制有几个方面的积极影响。第一，可以扩大投资者的基础。覆盖在互联互通的沪港通、深港通项下的上市公司，会发现它的投资者以后会来自全球。第二，交易的总限额取消了，不少的投资者预期两地的估值可能会逐步趋于接近。虽然也有不少人认为这种估值的差异会因为交易制度以及投资者群体的差异还将长期存在。第三，提高股份的流动性。第四，提高市场的影响力。

假设你是一个手机生产商，消费者花了钱购买手机，但是买手机创造的利润，消费者不能分享，而是被另外一个市场上的投资者分享。如果通过互联互通，使消费者和投资者尽可能地匹配，有助于增强投资者和消费者对上市公司的认知。香港的融资和再融资市场非常活跃，广泛的融资渠道和较高的市场地位可以促进公司进一步的发展。公司可以通过多种渠道筹资，不仅仅是发行股票，还可以增发可转债、普通债券、认股权证等。

如果从估值角度看，整个香港市场IPO的平均市盈率实际上并不低，比如消费者服务业的平均市盈率在38.4倍，高于内地监管部门制定的新股发行的市盈率的最高限制。我们还通过数据分析看到，香港不同行业的IPO的平均市盈率分化非常大，具体取决于不同的行业、商业模式、高管团队等因素。

港股通项下，港股通大概交易量有多大？通过沪港通到香港的内地资金交易量的比重是多大？从统计数据看，由于投资者在逐步熟悉和了解这个市场，所以交易量在慢慢上升。早期的时候，每天通过沪港通到香港的内地资金交易量占香港交易量的0.5%，慢慢地扩大至3%，深港通宣布启动以及交易总限额取消之后，现在达到5%。如果把北上和南下的交易量做一个对比，内地的资金南下在香港投资，占香港市场交易量的比例是0.5%，而后上升到3%～5%。与此形成对照的是，国际资金进入国内市场始终比较平稳，而且由于国内市场流动性较高，国际资金进入国内市场占当地市场的占比在0.5%和0.9%之间，占比非常小。所以从目前的数据可以得出的结论是：从沪港通的交易量所占的整体交易量的比例来看，沪港通明显还未达到改变当地主场交易习惯的规模。但是深港通启动后，因为市场限额的取消以及保险资金等新的机构投资者的参与，预计市场应该会有不同的表现。

我们利用历史数据做了一个测算，在港股通项下，我们对比了港股通和沪股通的交易量，就内地买港股的资金和海外资金买上海的股票的规模做了一个百分比的对比，我们发现，从中期来看，基本上是大致平衡的规模和态势。

那么，深港通启动之后大家会买什么？实际上，从沪港通启动之后的数据观察，国内投资者、国际投资者，在不同的阶段、不同的市场条件下，喜欢买的主要股票的行业和板块在不断地变化。通过数据来分析，我们发现在 2015 年，内地投资者去香港买的 60% 是一些中型的股票。那么 2016 年买得最多的是什么？51% 的是恒生的大型股，中型股还是占 40% 多，但并不是最多的。

从行业上来分析，2015 年到现在也出现了非常明显的变化，在不同的市场条件下，投资者并没有固定不变的投资风险收益偏好，而是根据市场环境灵活地做出调整。我们看到，沪港通下买盘加上卖盘港股通日均成交量比较大的股票，2015 年排名靠前的是：中国中车、国美电器、上海电气等。到 2016 年，金融股占比增大，说明中长期的机构投资者更加关注稳定的分红和较低的估值。因此不同时期，市场表现出不同的风险收益偏好。

深港通是沪港通的延伸，遵循了沪港通的基本市场框架，沿用了沪港通基本的交易结构和制度框架，遵循了相同的原则。只是把符合资格的股票范围拓展到深股，港股符合资格的股票范围也在扩大。深股通和深港通下的港股通，分别覆盖不同的上市公司范围，沪港通和深港通有较大的新的进展。第一，撤销总额度。第二，纳入 ETF，目前初步的打算是准备于 2017 年推出，还需要双方监管部门的批准。第三，沪港通其他的规定维持不变。所以深港通启动后，整个市场的覆盖范围在增大，基本上形成了共同市场的一些新框架。比如，如果只有沪港通，市值覆盖 57%，加入深港通之后，增长为 81%。如果按成交量来算，沪港通时只占 29%，加入深港通后，占 69%，所以深港通大幅提升了投资者投资内地及香港上市公司的比例。最主要的特点是深港通覆盖了不同行业的上市公司。交易通及结算通安排在深港通下面是维持不变的。

现在大家都很关心人民币汇率的贬值与否，担心资金流出。为什么在人民币还存在阶段性贬值压力的时候，决策者敢于把沪港通、深港通对外投资的总额度取消？非常重要的一个原因是沪港通、深港通构建的交易所互相连接的机制，并不是一个单向流出或者流入的资本项目开放机制，而实际上是一个封闭的、双向的、可控的透明开放机制，是一个真正的资产配置的平台。国际投资者投资上海和深圳的股市时资金流入，但他在卖出的时候资金会原路返回，是封闭的、可追溯的。当内地的投资者投资港股和国际市场，资金流出，可能短期内对内地资金有压力，但一旦未来投资者卖出港股，资金会原路返回，所以它是一个封闭的、收益可交换的机制。

因此我认为，沪港通、深港通等互联互通机制，是一个收益互换机制，而非一个单向的资金流出机制。当期的资金的流出，同时也意味着下一时期的资金的流入，对现期的汇率可能会有一定的压力，但未来会对汇率形成支撑。正是因为这种可控、可追溯的资本项目开放机制，即使目前短期人民币面临资金流出压力，决策者还是取消了交易的总额度限制。

互联互通的交易主要有哪些特点呢？它主要有以下几个方面的特点：第一，通过交易总量过境来实现最大的价格发现；第二，结算尽量过境，实现最小的跨境流动；第三，人民币境外换汇实现全程的回流；第四，结算交收的全程封闭，实现风险全面的监控；第五，以本地原则为主，投资者沿用自己熟悉的交易习惯。上海和深圳开有账户的投资者在开通沪港通、深港通之后，可像原来在上海和深圳的账户一样进行交易，只不过在后台通过结算和交易通连接到香港市场。因此这个框架和试点的模式结构灵活，可供未来扩容，具有可扩充性，下一步可以延伸到一级市场、新股的发行市场和债券市场等，也可以延伸到大宗商品市场，具有可延伸性。

以沪港通交易流程为例，香港联交所和上交所，分别在对方市场设立一个子公司，这个子公司，互成对方的一个特殊的参与者。跨境的双向的买卖牌订单传递，就由交易所的子公司来负责，并通过专门的网关来实现。前端监控从沪港通来说，就是确保投资者有足够的股票，为卖盘完成交收的制度用以避免卖空。在交易日安排上采用最小交集原则，只在沪、港两地均为交易日，且能够满足港股通结算安排时，才确定为港股通的交易日。比如说前一阶段的国庆长假，沪港通交易机制就暂停。

因此，在互联互通的背景下把握沪港通和深港通，把握香港市场的功能，实际上就是香港在延续原来把内地的企业与国际市场的流动性在香港匹配这个重要功能的基础上，通过互联互通提供了另外一种现实的金融服务功能，就是把内地的流动性和国际的产品在香港匹配，满足内地的居民、企业和机构进行国际资产配置的需要。所以互联互通推动了一个共同市场框架的初步形成，并且还推动形成了一个全新的、可进一步拓展延伸到新股、债券、商品市场的共同市场的框架。通过这个框架，香港不仅继续是一个重要的投资目的地市场，而且成为一个活跃的门户市场。

厘清股市互联互通机制的
几个关键问题

彭博经济学家　陈世渊

中国国务院在 2016 年 8 月份批准了《深港通实施方案》，其后几个月，各方紧锣密鼓地准备、测试。深港通标志着中国股市开放再下一城，内地和香港股市进一步互联互通，给两地投资者带来新的投资机会，为两地股市带来新鲜血液，利好市场。然而，深港通对于两地市场有些什么影响？它对我国跨境资本流动的影响又是什么？我国股市开放的下一步该如何考量？本文试图厘清上述投资者和决策者关心的几个问题，希望可以引起更多对股市互联互通机制的有益思考和研究。

股市互联互通机制的一致市场效应

股市互联互通机制，对投资者和市场来讲，总体上说是一种利好。这种机制，给两地投资者提供了更多可选择的投资标的，使其可以做出更优化的投资组合安排；从股市流动性角度看，也为两地市场注入了新鲜血液，增加了市场活跃度。但是，对股票市场的整体影响，却很难估量。笔者认为，股市互联互通机制对股市估值的影响，大体有两种逻辑：一致市场效应和套利效应。

一致市场效应指的是，随着两个不同市场的打通和融合，股市估值水平会趋同。直观上，这和联通器原理类似，资金会从估值高的一方流向估值低的一方，最终估值高的一方价格会下降，而估值低的一方价格会上升。这个比较容易理解，不过实际情况可能会更加复杂。根据资本资产定价模型（Capital Asset Pricing Model，CAMP），从基本面分析股价变动，有这么几个主要因素：第一个是无风险收益率；第二个是市场风险溢价，也就是市场预期收益和无风险收益之差；第三个是股票的个股风险（相对于市场风险而言）。而市场预期收益还受到无风险收益的影响：无风险收益率上升，市场预期收益率也会上升。当两地股市完全联通的时候，一致市场效应会有这么几种可能的作用：

- 香港市场的无风险利率是基于国际市场无风险利率的，低于内地市场无风险利率。用国债来衡量，一年期美国国债利率为0.64%，远低于我国一年期国债利率2.14%。两地股市在联通之前，内地股市由于无风险利率较高，整体收益风险比率（Sharpe Ratio）会比较低。当两地股市联通时，香港低息资金会涌入内地，抬高A股股价，直至内地股市整体收益风险比率上升到与香港同一水平。由于国际金融市场体量远大于国内金融市场，那么香港股市估值在这个过程中并不会由于资金流动而有很大变化。

- 不考虑两地无风险利率的差异，如果A股反映中国经济相对较高的成长性，而内地证券市场风险又小于香港市场上的全球市场风险，那么内地股票就会具有相对较高的收益风险比。打通两地市场之后，香港资金还是会涌入内地，抬高 A 股股指。

• 如果两地股市具有同样的收益风险比率以及相同无风险利率，那么两地市场资金会互相流动，两地投资者都会重新组建一个更好的资产组合，使得收益风险比上升。这种情况下，两地股市估值均可能提高或维持不变。

所以，如果股市反映基本面，两地股市联通之后，资金主要应该是流入内地股市。但是，如果目前内地股市高估了未来经济增长和企业盈利前景，同时目前相对稳定的股市主要源于不可长久的政府因素，那么投资内地股市的实际收益就会较低，而真实市场风险又会较高。在这种情况下，内地股市的实际收益风险比有可能比香港低。于是，会出现资金流动主要是从内地流出进入香港的情况。由于存在一些两地资金流动的限制，比如互联互通机制设有每日投资额度以及投资者对新市场需要时间了解等政策，资金流动会比较缓慢。

股市互联互通机制的套利效应

套利效应是互联互通机制的另一个效应。这个效应主要因为内地和香港市场的特殊性，很多中国公司在两地都挂牌上市。同一个公司的股票，在内地属于 A 股，在香港市场称 H 股。目前有不到 100 家公司同时在内地股市和香港股市挂牌。由于两地在投资者结构、资金成本和市场风险以及市场监管等方面存在显著差异，同一公司的 A 股和 H 股出现了持续性的显著价差。由于长期投资者不会过多考虑当地市场造成的短期波动，这个时候，他们就会倾向于买入同一公司价格低的股票，卖出价格高的股票，实现资本市场无风险套利。所以，在套利效应下，A 股和 H 股的价差会最终消失，资金会从价格较高的 A 股流入价格较低的 H 股。

根据恒生指数有限公司编制的数据，目前这些两地上市公司，A 股股价平均比 H 股贵 23%。比较有意思的是，在 2014 年年底之前，这些公司的 H 股比 A 股稍微贵一些，总体价差并不明显；但是在 2014 年年底到 2015 年年中的牛市中，A 股价格迅速上涨，超越 H 股，AH 价差最高一度逼近 50%。这种持续存在的价差，并不说明套利效应的失效，而是由于两个原因造成的：第一，由于沪港通流量有限，短期内套利效应不如单个市场本身发展变化的影响大；第二，由于内地投资者以中小投资者为主，投机胜过投资，更多看技术分析而不是看基本面炒股，使得基于基本面的套利效应被缩小。但是，出现了比较持续的南向资金压过北上资金的情况，近期 A 股和 H 股价差缩窄，说明套利效应还是在不断进行之中。比如，2015 年、2016 年中国资本市场的重大事件——宝能对万科股份的"恶意收购"，宝能除了在内地股市大量购入万科股票，同时也在香港市场买入万科 H 股，增加其持有万科股票的总份额。排除非经济因素对股市的干扰，从长期看，套利效应应该会使得同一公司的两地股票价格趋同。

深港通可驱动两地股价上涨：似是而非

深港通从 2016 年 8 月份获得国务院批准之后到现在，香港股市先涨后跌，内地股市先跌后涨，都没有反映出深港通的影响。很多投资者依然寄希望于深港通开始运作之后，会对股市有较大影响。诚然，深港通作为一种利好，让两地投资者有了更多的选择，对市场整体有利，特别是对某些个股影响会比较大。但是，通过更深入研究，发现沪港通在 2014 年 11 月开通后到现在，其对股市整体估值的影响可以说是短暂的，并没有成为两地股市的新驱动力。深港通应该也很难成为新的股市驱动力。

首先，将港股和 A 股的相关性和港股与其他地方股市的相关性进行比较，可以发现，港股在过去几年和海外股市特别是亚洲新兴市场指数保持高度相关，相关系数可维持在 0.8~0.9；港股和 A 股的相关性则较低，在 0.3~0.6。这略低于港股与标准普尔 500 指数的相关性。在沪港通开通之后，港股和 A 股的相关性并没有明显变化。

其次，内地股市和其他地区股市的相关性均比较低。上证综指和标准普尔 500 指数相关系数长期平均值仅仅在 0.2 左右，可以说长期基本互相独立；和港股相关系数在 0.3~0.6，考虑到大概有一半以上香港上市公司来自内地，而且香港经济严重依赖内地，A 股和港股之间相关水平属于比较低了。这可能主要由于内地的资本账户特别是股票市场的开放度相对比较低，而政府政策支持又使得 A 股有诸多独特的运行机制。2015—2016 年内地股市和海外股市相关性有所提高，部分反映了人民币汇率波动对海内外市场的共同影响。

两地股市互联互通如何影响资本流动？

上面分析了股市互联互通机制短期内很难改变两地市场的驱动力，在一定时期内，两地市场依然会由当地投资者主导。这次深港通的一个很大突破，就是在保留每日额度的同时，取消了总额度的限制。

除了沪港通，目前股票市场上主要的跨境资本流动渠道有合格境外机构投资者（Qualified Foreign Institutional Investors，QFII），人民币合格境外机构投资者（RMB Qualified Foreign Institutional Investors，RQFII），合格境内机构投资者（Qualified Domestic Institutional Investor，QDII）。这几个机制加上沪港通和深港通，每年的资金流量最大可达3 580亿美元。相比之下，我国非储备资本账户在2013年净流入为3 430亿美元，在2014年净流出为513亿美元，在2015年净流出为4 856亿美元。可以看到，目前这几个机制在理论上已经具备冲击我国资本账户资金流动的较大能力。但是，如果考虑到沪港通和深港通北上和南下资金会互相对冲，考虑到RQFII、QFII基金不大可能一年内把投资清仓，同时国内投资者投资海外的QDII额度目前已经基本用完，那么这些机制实际上可能造成的资本流动影响会小很多。股市互联互通机制还有一个特点，就是股票卖出之后，资金会自动回流到投资者所在地，所以可以说南下资金并没有完全流出境外。这也减缓了跨境资金流动压力。

但是，互联互通机制作为一个比较透明的窗口，却有比起资金量大得多的影响力。在过去两年，沪港通已经成为反映两地投资者情绪的重要指标。比如，在2015年年中内地股灾前，北上资金一直高于南下资金，反映了当时海外投资者看好内地股市；而股灾之后，南下资金一直高于北上资金，反映出投资者对于内地股市总体趋于悲观。市场投资者紧密跟踪沪港通资金流向和所交易的相关股票标的，从而分析和捕捉市场发展最新趋势。

互联互通机制未来还可能会出现有限的每日额度和无限总额度之间的矛盾。随着投资总量的不断上升，当一小部分投资者卖出股票时，就可能会造成通道堵塞；而通道一旦堵塞，就会进一步恶化投资者情绪，出现类似银行挤兑的市场恐慌，触发股市危机。监管当局对此需早做预案。

南下香港资金可以规避人民币风险？

现在有一种流行观点，认为南下香港的资金可以规避人民币汇率风险，并把持续的南下资金和人民币过去一个阶段的贬值联系在一块。笔者认为这种观点值得商榷。

规避人民币汇率风险并不需要资金流出境外。规避人民币汇率风险可以把资产配置在美元上，也可以把资产配置在实物资产上。从后者看，港股和 A 股同样是实物资产，都可以起到规避货币汇率风险的作用。实物资产的价值，以及其抗通胀和抵御汇率波动风险的功能，并不会因其标价为港币或人民币而变化。

把资产配置在香港，起到的是规避内地市场风险的作用。2015年以来的几次股汇率联动，汇率波动和股市波动共同反映宏观经济和公司基本面的变化，汇率波动不是导致股市波动的根本原因。

互联互通机制的下一步在哪里？

对于两地股市，更多的管道和持续的资金流动，长期而言可以逐渐消化两地股市的"水压差"，这可以有效减缓未来资本账户完全开放对国内市场所带来的冲击。对于未来这个机制的发展，比较容易猜测下一步是扩大每日额度，把更多股票纳入该机制；另外，监管当局亦在讨论架设更多的通道机制，比如沪伦通（上海－伦敦股市的互联互通机制）。

但是，互联互通机制的缺点也很明显，即它面临着跨境监管和跨境税收等困难，可能会催化各种监管套利交易。笔者认为跨境监管需要得到两地监管当局更多重视，需要采取更多措施应付"监管套利"的交易行为，建设好互联互通机制长久健康发展的基础。

另外，笔者认为资本账户开放的目的，除了是让资金可以更自由配置从而提高资源配置效率之外，更为重要的是开放国内市场准入，引入国际投资者。国际投资者可以帮助改变境内投资者的投资习惯和提升其投资效率，促进国内资本市场的进一步发展。股市互联互通机制主要着眼于促进资金流动，很难取代国内资本市场的对外开放带来的裨益。

最后，中国资本账户的开放，离不开国内经济的市场化改革。在国内经济改革没有实质性突破之前，在 A 股市场没有得到彻底改革之前，互联互通机制和其他股市开放措施所带来的资金流动，对国内市场来讲，可能蕴含更多的是风险而非机遇。加速国内改革，提升经济增长潜力和企业估值，可以增加股市对海外投资者的吸引力，也会增强经济体抗风险能力，从而为股票市场和其他资本账户开放夯实经济基础。

深港通推出，何以内地冷而香港热

香港资深投资银行家

中国人民大学讲座教授　　温天纳

近期，内地有一类型基金炽热，投资需求甚大，不少该类型的新基金一登场更出现一夜售罄的情况。这是什么基金？答案是 QDII 基金。在 2016 年头 3 个季度中，相关基金业绩更是突出，超越混合型基金和股票型基金，成了最赚钱的基金类型。QDII 基金热爆主要因人民币汇率持续下跌，内地投资者眼光伸向海外，而 QDII 以美元进行国际市场投资，自然受到投资者的关注。

目前，对内地投资者而言，投资境外市场最简单及直接的方法就是买入 QDII 基金。相比内地银行和券商 QDII 产品的高门槛，QDII 基金产品最为亲民，1 000 元人民币即可上车，这代表了内地散户都可参与美元理财。参考内地报告，2016 年头 3 季度，QDII 基金的平均收益率为 4.39%，并且近九成的 QDII 基金收获正收益。

纵观市场，QDII 成为内地 2016 年头 3 季度最赚钱的基金类别，更有不少收益是在两成以上。不过，近期要购买 QDII 基金并不容易。

有内地业界统计过，目前内地市场上 100 多只 QDII 基金，开放申购的不足半数。而不少新上市的 QDII 基金在极短时间内就全面售罄。早在 2016 年第 3 季度初，外汇管理局批准的 QDII 总额度使用率已达九成。

人民币贬值提升港股投资机遇

在人民币持续贬值的情况下，即使投资收益普通，在汇率影响下，回报也相对可观。人民币贬值是内地投资者配置 QDII 基金的重要原因之一，内地资金加速了环球配置的趋势。未来深港通启动，亦将成为重要的配置渠道。

沪港通在 2014 年开通，投资沪港深主题的基金亦成为可供内地投资者选择的品种。2016 年 A 股整体表现疲弱，港股因估值低，以及种种资金避险的原因带动，表现不俗，对内地投资者的吸引力正在增加。不少内地投资者也希望透过沪港通基金以及深港通基金来分散人民币风险，并分享港股收益。

目前在内地发行的深港通概念基金数目接近 10 家，加上已成立或准备申请待批的，未来沪港深概念基金数量有可能超过 70 家。无可否认，2016 年港股的表现明显优于 A 股指数，凸显了资产配置分散风险的重要性。从估值的角度来看，估值较低的港股存在较为明显的投资机遇。深港通开通后，内地投资者将取得较大的港股定价权，亦有利于提升部分香港中小型企业的估值。

随着美元升值，港元兑换人民币汇率持续上升，通过沪港通投资港股，除了能取得港股自身的投资收益之外，港元汇率优势有机会进一步提升基金组合的较长期收益。而目前内地投资者参与港股基金投资，主要有两类选择，一是跟踪恒指主要指数作为配置之选择，这类基金主要标的为蓝筹股，属被动型投资；二是搭配一些具备特别偏好的个股选择，属主动管理型投资。

上述不少基金当中，甚至有相当大的一部分是以投资 A 股为主，港股投资比重较小，可以说存在不少挂羊头卖狗肉的 QDII 基金，这些产品已经成为内地投资者的"地雷"。不少投资者投了之后，发现原来是 A 股基金，才知上当，但可见市场对港股的需求甚大。

无可否认，目前的人民币正面临贬值压力，而 A 股亦非在大牛市当中，此时此刻，港股市场整体估值却不高。笔者认为，随着内地资金南下的兴趣大增，剔除了总额度限制的港股通，将成为内地市场中极为罕有的合法合规对外投资渠道，用以分散人民币贬值的风险。

在未来，互联互通亦将包括若干 ETF 产品，ETF 属便利性的投资工具，对内地投资者具备一定的吸引力。笔者认为 ETF 的纳入定能吸引更多内地资金南下，发行机构亦将在香港市场大力推动相关 ETF 产品的发展。

2016 年是环球市场波动的一年，"黑天鹅"事件频生，内地避险资金正四出寻找新的投资标的。虽然特朗普当选美国总统或将影响美国的财金政策，但美国加息步伐无论是加快或减慢，仍会直接影响到资金的流向。不过，深港通的启动则在某种程度上可以减轻加息的冲击，另外亦对港股更有两重意义，即改善香港市场的流动性与实现港股价值的重估，深港通日后将有机会推动港股市场的价值回归正常，不再被低估。

综观内地投资界论点，内地投资者最为关注具备以下特征的港股标的：直接受惠深港通启动的行业股，如券商股、港交所等；具备高增长性的小型股，内地投资者特别喜欢中小型股份，特别是高增长性的股份。港股估值远较 A 股低，内地资金若加速流入，小型股表现定较为受惠。

此外，AH 股当中价值较低的 H 股可予以留意，但亦不可忽略行业估值及企业的基本面，折让并非唯一的买入标准；高息股，以绩优及稳定的派息率为重要考虑；优质的大中型股份也可作为关注对象；在港股通 50 亿元市值门槛边缘的小型指数成分股亦会是重点。

沪港通对 A 股利好不如预期

回想 2014 年 4 月，李克强总理宣布落实沪港通时，笔者成为内地媒体追访对象，当时市场充满兴奋及意外。两年零四个月之后，李克强总理宣布落实深港通时，笔者电话同样是响个不停。来自听筒另一端的声音，语调少了兴奋，多了疑问及质询。来自中央电视台及新华社友人的访问主要集中在深港通的意义及对香港的支持作用。来自第一财经电视及凤凰卫视友人的访问，主要集中在政策对市场的影响。来自本地媒体电视、报章及电台友人的访问，问题略带尖锐性，围绕着开放力度不够、港股 A 股化、政策向 A 股倾斜等话题。由此可见，深港通的意义对不同人士有着不同的意义及影响。

沪港通到 2016 年 11 月已启动两年，投资者亦感受到部分预期并未兑现，对于两地上市的 AH 股股票，高折价的 A 股并未因沪港通的推出而获得外资的特别眷顾。原本大家以为沪港通有助于缩小两地上市 AH 股的价差，但 AH 股的价差并未因为沪港通出现趋势性的收窄。

沪港通总额度已取消，沪股通原额度（人民币 3 000 亿）累计使用不到一半，相对于上海股市人民币 23 万亿元的自由流通市值仅仅只占 0.66%。假设深港通开通后，深股通使用达到人民币 3 000 亿元，对于深圳股市约人民币 15 万亿元的自由流通市值也仅占 2%，不能亦不会改变 A 股现有的投资者结构。故此，短线而言，深港通对 A 股最多只能产生一刻的激情，对后续市场影响有待观察，投资基金的 A 股策略未必会出现重大调整。

笔者认为原因在于交易量无法做起来，因而难以改变 A 股的投资者结构和市场风格，也无法影响大盘蓝筹股的估值和定价。在这环境中，投资者只能继续观望，等待市场最终的开放。

从两地市场对政策的反应来看，存在内地冷、香港热的情况。反差的原因主要在于投资者预估深港通执行后，资金会从内地创业板跑到香港，因为内地创业板的估值实在太贵了，从近期沪港通南向资金量大增可见趋势。相比香港投资界较热烈的期待，内地的看法相对冷淡。

当前国际机构投资者方面，也对 A 股普遍比较谨慎，购买蓝筹股或将成为主流稳妥的投资策略。故此，A 股方面深圳蓝筹股及稀缺板块，将成为深港通开通后较为突出的投资机会，若干板块将受惠，如白酒、医药、券商、军工等。

需要留意的是，外资流入并不代表股价会上升，资金流动只是影响股价的因素之一。北上交易占相关股票的交易额之比例始终不高，对 A 股价格的刺激作用并不明显。目前 A 股相对平静，投资概念相当分散，深港通概念短期内仍有一定的市场。若干机构投资者亦希望透过深港通进行 AH 股票价差的套利及炒作活动，不失为市场焦点之一。

市场融合需要法规政策的融合

最后，互联互通是内地 A 股资本市场长远改革开放的一大步骤，但最终的融合是一个长期任务，三地的股市、法规、政策都需要融合，才能发挥最大的作用。

现在市场处于开放的进程中，政策带有试点意义，我们目前距离真正的全面开放，还有一段距离。内地投资者投资港股设有门槛，这与内地投资者保障以及内地资本账户尚未开放存在一定的关联性。经历了 2015 年内地股市的震荡，2015 年 8 月与 2016 年 1 月人民币的波动之后，大家始终感受到金融体系需要持续优化，否则危机随时会出现。从另外的一个角度去看互联互通，内地资本市场与国际性市场接轨，大家会担心环球金融大鳄会否透过沪港通及深港通扰乱 A 股市场；同样地，不少人士也担忧港股出现 A 股化的情况，跨境监管并不容易，两地监管制度、企业管治以及投资者的特征存在差异。

沪港通在 2014 年启动，其后两地股市经历了股市狂潮，港股狂潮来得晚，完得早，A 股当时更为火热。目前，深港通的框架虽然已经宣布，对于具体纳入的企业名单市场将有猜测，会否被上市公司炒作，甚至会否被"有心人"作为借口滥用以愚弄投资者，尚未知晓。要纳入深港通，存在门槛市值限制，为避免深港通标的股变动过于频繁，计算的方式需要相当谨慎。

沪港通的内地投资者准入门槛并没有取消，而这门槛亦延伸至深港通，未来内地投资者投资深港通，依然有 50 万人民币的门槛限制，而投资内地创业板的香港投资者则必须为专业投资者，门槛绝对不低，需要具备 800 万港元的证券投资组合及一定的投资经验（必须符合若干买卖证券的频率）。

对于投资者而言，必须多了解两地市场的特征，特别是两地中小型股的特征，区别当中的风险所在，监管机构、交易所及业界则必须加强对投资者的教育培训。深港通的特征在于购买中小型企业的股票，风险肯定较高。两地投资者的投资理念存在差异，而差异亦导致两地股市的估值无法平衡，投资者也必须对股票多加观察，不可单纯以价差作为投资的原因。

深港通或将重启牛市

中国金融技术分析师协会会长　陈健祥

2016 年 8 月，市场翘首以盼的一项金融政策终于落地，李克强总理在 16 日的国务院常务会议上明确表示："深港通相关准备工作已基本就绪，国务院已批准《深港通实施方案》。"这是继 2014 年沪港通推出之后，资本市场开放的又一实质性举措。

深港通获批，意味着中国资本市场在市场化和国际化的道路上再次前进了一步，不管是资金量，还是可投资标的，都会有所提升。这对深港两地的市场都是利好。但这种利好是长期的，还是短期的，则需要进一步分析。

一、宏观政策分析

如果我们从大一点的格局考量，可能看得更清晰。中国经济的腾飞，实际上是从改革开放开始的，这 30 多年来取得的巨大成就，是压抑太久的经济潜能的一次大爆发，但直接原因是不断改革调整所释放的政策红利。2013年政府换届，改革进入攻坚期和深水区，这一认识成为政府上下的共识。经过30多年的改革，能改的已经都改了，深化改革必然要涉及牵动全局的敏感问题和重大问题，如所有制改革特别是深化国有企业改革、财政体制改革、金融体制改革、收入分配体制改革、干部人事制度改革等，诸如此类的改革牵一发而动全身，任何一项改革都会涉及其他多项改革，涉及千千万万人的直接利益。其中深化国有企业改革，金融体制改革等都与资本市场高度相关。而持续深化改革如果能继续释放政策红利，那么经济延续此前增长的势头就能继续，经济长期稳步增长本身就是资本市场长期向好的根本动因。

金融体制改革这一重要改革方向的第一要点，就是建立对内对外更加开放的金融体系，以刺激金融市场活力。货币方面，推动人民币向国际化稳步迈进，人民银行同境外30多个国家和地区的中央银行或货币当局签署了双边本币互换协议，2015年年底人民币加入特别提款权无疑是一个标志性事件。资本市场方面，推动多层次资本市场发展，同时加速全面互联互通。2014年11月连接上海证券交易所和香港交易所的沪港通鸣锣开启，内地股市首次向全球资金直接开放，而内地的投资者也开始全球配置资产。在内地坚定地推进资本市场双向开放和人民币国际化的大背景下，沪港通模式同样已经开始被应用到内地市场与其他市场的互联互通上。上海证券交易所、中国金融期货交易所与德意志交易所集团共同成立了中欧国际交易所；连接上海和伦敦两地市场的"沪伦通"也已进入研究阶段；而作为内地与海外大宗商品市场互联互通的"前奏"，"伦港通"也已启动筹备。

深港通政策落地，是互联互通正式走出的重要一步，这说明最近两年沪港通的运行取得了成功。深港通的开通，将实现 A 股沪深两市与香港市场的联通。

这一系列政策的背后，我们可以看出国家发展资本市场的决心和智慧。金融市场的繁荣可以拓宽实体经济的融资渠道，进一步实现优化资本配置，配合结构调整国企改革，将是深化改革整体战略中的重要步骤。

二、深港通对 A 股市场产生积极影响

从长期分析跟踪全球金融市场的经验来看，笔者认为金融市场长期走势和经济增长必定是正相关的，短期走势受市场情绪影响，例如美国大选、美联署加息速度等，但中期走势则非常强烈地受到宏观政策的影响。在政策执行效率较高的中国来说，金融市场和政策的相关性更为明显。

回顾历史，稍微资深一点的投资者都应该对 10 年前 A 股市场的牛市印象深刻，短短两年时间上证指数从 1 000 点升到 6 000 多点，指数升幅达到 5 倍，个股涨幅则更是惊人。这波大牛市的政策大背景就是股权分置改革。2005 年以前，因为资本市场建立之初主要为国企解困，因此国有股和法人股不能上市流通，A 股本身并不能算一个完整和真正意义上的股票市场。要使 A 股全流通，就要国有股和法人股全部像普通股一样，参与市场流通，通过全流通实现同股同权，同股同利，使得两者的利益趋于一致。但因为原始股成本极低，直接让这些非流通股按二级市场的高溢价上市，则对市场产生巨大压力，本身也存在分配不公。资本市场管理层曾数次给出方案却没能令人满

意。股改困局在 2005 年开始得到实质性解决，牛市也在 2005 年年底正式起步。

而 2014 年 11 月作为深港通前站的沪港通的推出，也引爆了券商类股份，从而开启了上证指数一波虽然短暂但是很强劲的小牛市。指数从 2 000 点在 7 个月的时间涨到 5 000 多点，升幅达到 1.5 倍。我们可以对这背后的政策逻辑进行梳理，如果说股权分置改革是解决了资本市场合理性的问题，是基础构架的夯实，那么内外资本市场互联互通则是 A 股市场发展的促进措施。

可见，从 2005 年到 2015 年上证指数的两波牛市都是和资本市场的大政策在时点上完美契合的。沪港通给港资和海外资金提供了极佳的入市时间节点，内外联动，使得市场快速火热起来，因此说沪港通是 2015 年上半年"疯牛"的导火线也不为过。当然，后面的大幅上涨是杠杆的效果，因此叠加监管的效果一旦回调就跌幅较深。

2016 年推出的深港通则从逻辑上验证了沪港通政策的成功，并且比沪港通在政策上更进一步。深股通的投资标的为 880 只，占深市总市值的 74%，覆盖面更广，虽然创业板仅限机构投资者，但是我们知道香港市场机构投资者正是股票投资的主导力量。在每日额度限制方面，虽然和沪港通相同，即深股通 130 亿，港股通 105 亿，但是总额度不设限制，这一点比较关键，有利于增量资金长期的运作，与此同时，沪港通也取消了总额度限制。

从上市公司的组成结构来说，深圳交易所与上海交易所存在明显不同，相对于沪港通的上交所标的主要由大盘蓝筹股构成，深交所中小盘成长股比重相对高，而且，高科技、互联网、文化传媒、医疗保健等战略性新兴产业上市公司更为集中，这些都是符合中国经济转型升级方向的重点扶持产业。在传统行业增长下滑的背景下，战略新兴产业领域的上市公司正好填补了缺口。如果说沪港通的启动主要打开了海外投资者投资国内大盘蓝筹股的机会，那么深港通将打开海外投资者投资国内成长股的大门。

虽说市场有担心说深市的中小盘股票市盈率普遍较高，相对港股来说并没有估值优势，但从2016年第三季报披露的整体情况看，随着开始有经济数据显示中国经济可能逐步见底，A股整体业绩出现了稳步增长，这将逐步消化高估值的负面影响。考虑到中国各项改革推进的决心，资本市场受政策影响的明显特征，加上利率仍处于低位，以及企业成长形成的估值承托防线，A股有望在深港通的刺激下有较利好的表现。

既然从政策上可以见到市场开放后融通的裨益，这是否意味着深证指数有望出现上证指数般的"牛"呢？通过对比上证指数的走势，我们发现深圳市场实际比上海市场的走势更为强劲。这应该是和深圳市场代表新兴产业的成长股占比高有关，此外深圳市场股票市值相对较小也使其更易获得估值溢价。我们通过分析深证综指月图看到，深证综指走出了长期的大牛市，两波明显的升幅出现在2006—2007年和2014—2015年，牛市上升之后伴随的是调整，调整期间指数波动均在此前的上升范围内。从技术上可以看出后面两波调整均为三角形整理，三角形一般是趋势的中继形态，考虑到股市的长牛趋势，再一次突破三角形上轨将在技术上确认新一轮牛市的到来。如果出现遇阻回落，那么月线的承托位将提供更佳的建仓位置，因为从周期分析中，最终突破阻力上行仍存在大概率。

总括而言，无论是沪港通还是深港通，都是延续国内金融市场开放的积极利好。而这些利好，除了会给两地带来本文中所讨论的可能发生的市场反应，更重要的是对于香港在中国和国际金融市场中所扮演角色的影响。回归踏入第十年的香港，如何利用好自身的优势以配合国家的利好政策，才是香港未来整体发展的主题。

香港与深圳互联互通的策略和建议

深圳前海管理局香港事务首席联络官

深圳市政协委员　　　　　　　　洪为民

深圳前海是国务院明确的中国金融业对外开放的试验示范视窗和跨境人民币业务创新试验区，金融创新将是前海和其他自贸区实现差异化发展的重要领域。前海在金融创新方面，可以借着香港金融中心优势，通过金融开放和创新，打造深港共同资本市场，与香港共同发展，为香港金融业注入新动力。

前海在金融创新上走在前沿，根据前海管理局资料，深圳九成互联网金融企业集聚在前海。同时，前海跨境人民币贷款增长迅速，截至 2016 年 3 月底，备案金额合计 911.8 亿元，累计提款金额达 228.3 亿元。最近，赴港发行人民币债券取得实质性突破，前海金融控股有限公司成功在港发行 10 亿元债券，令投资者非常关注。

前海外商股权投资企业试点企业也正在增加，目前已达 63 家，境外募集并回流资金 35 亿元。前海的合格境内投资者境外投资试点进展良好，首批 8 家获得试点资格的企业，额度达到了 10 亿美元。

此外，前海外债宏观审慎管理试点亦已经启动，目前已有首批 5 家前海企业办理了外债登记手续，签约金额为 2 亿美元。前海金融及类金融企业加速聚集，截至 2016 年 3 月底，前海金融及金融配套服务机构将近 1.5 万家，占全部入区企业的 56%。另外，截至 2016 年 4 月，在前海的工商注册的企业名称里带互联网金融的有 986 家，其中支付企业有 49 家，众筹有 11 家，数据类企业有 63 家，征信有 6 家，要素交易平台有 18 家，占深圳市互联网金融企业的 90%。可见前海是金融创新的一个重要区域。

在互联网金融上，前海发展扮演着三个重要角色：第一是产业创新先锋区，第二是规范运行法制区，第三是跨境流动试验区。当中包括微众银行、360 支付、平安众筹、腾讯征信、中顺易互联网信托平台、农产品交易中心及碳排放权交易所等。现时碳排放交易所允许境外投资者参与投资交易，这是全中国唯一一个开放试点。

由于香港的金融科技人才一向都能够与国际接轨，笔者认为香港在互联网金融的开放标准、平台及界面方面，可以扮演举足轻重的角色，透过深港在互联网金融上合作，有望在其他自贸区复制成功的经验。令深港在互联网金融的四个范畴上，包括资料创新、账户创新、技术创新、文化创新，取得新的突破，借着"一带一路"的商机，发展各种多创新商业模式，并推展到国外的经济体。

故此，香港企业如何利用前海金融创新中利率、汇率、资本项目开放的独特利好，结合企业实际，在有效的时间视窗内获取更好的投资收益，是深港融合的核心问题。

前海现在聚集了完整的金融业态，上下游产业链也可以在前海找得到。其所面对的最大挑战是如何维持着不断创新，借着深港现代服务业合作引入更多大型企业，借此吸引更多的相关企业进驻，从而令产业链条更丰富，形成新的核心竞争力，发挥更高效的聚群效应。

前海与港交所展开合作设大宗商品交易平台

如今，前海管理局现已与港交所（00388）签订合作备忘录，探索双方在金融服务、金融创新等领域的合作。港交所行政总裁李小加期望在内地建立一个规范、透明、可信赖的、有实物交割体系和仓储体系的大宗商品交易平台，有效服务实体经济。

港交所透过与前海管理局签署的合作备忘录，发挥前海深港合作区的政策优势，为双方共同推动大宗商品交易平台在前海深港合作区落户，以及未来的营运方向奠定重要基础。这也是港交所发展大宗商品业务其中的一个核心战略。

这个交易平台将会建立一个类似伦敦金属交易所的仓储模式，用以支援现货金属交割，确保金属价格不会与基础经济脱节。平台亦有意引入深圳市政府作为股东，为未来发展内地、香港交易商品而铺路。

因此这个交易平台将聘请 100 名员工，港交所期望很快推出平台。当中大宗商品交易平台会先从基本金属交易开始推出，然后扩展至有色金属交易，而交易合同将以人民币计价。港交所期望平台日后能与 LME 联结起来，从而允许境外投资者投资内地现货金属市场。港交所会寻求吸引银行和对冲基金，参与这个直接交易现货金属的平台。

事实上，伴随前海的金融创新政策，目前前海蛇口自贸片区内有银行金融机构 62 家、证券金融机构 66 家、保险金融机构 23 家，以及 40 000 家创新型金融主体。

2013 年 1 月推出的跨境人民币贷款，是前海金融创新的重要一步。至今，前海跨境贷款累计备案金额逾 1 000 亿元，提款金额逾 356 亿元。前海企业办理了逾 20 笔外债试点业务的登记手续，签约金额逾 10 亿美元，把平均融资成本降至 3% 至 4%。

至于境外股权投资方面，截至 2016 年 6 月底，前海合格境外有限合伙人（QFLP）试点管理企业有 106 家、基金 20 家，累计注册资本逾 267 亿元，2016 年 1 月至 4 月新增五家基金，新增规模 35 亿元。已经有 41 家前海企业获得合格境内投资者境外投资（QDIE）试点资格，累计备案 35 家，获批额度高达 9.6 亿美元，实际使用额度逾九成。

此外，全国首家《内地与香港关于建立更紧密经贸关系的安排》（CEPA）框架下的港资控股全牌照证券公司和基金公司、全国首家社会资本主导的再保险公司、深圳首家台资法人银行、全国首批相互制保险公司、全国第二家互联网保险公司、全国首家民营小额再贷款公司和证监会系统唯一一家信用增进公司，相继于前海成立，不同的金融创新为前海带来不少活力。

再加上，前海锐意成为金融中心，为了进一步推动金融的发展，加强与世界级金融枢纽香港的联系，前海管理局属下的前海金融控股有限公司（前海金控），已分别与香港上海汇丰银行和东亚银行（00023）达成协议，并计划共同在深圳前海组建全牌照合资证券公司。

要了解这项金融创新的背景，大家可以留意一下 CEPA 补充协议十的新安排。根据 CEPA 补充协议十就扩大证券经营机构对外开放的指引，任何符合设立外资参股证券公司条件的港资金融机构，均可按照内地有关规定在上海市、广东省或深圳市各设立一家两地合资的全牌照证券公司，其中，港资合并持股比例最高可达 51%。

他们还可以在一些实行金融改革先行先试的试验区内，各新设一家合资全牌照证券公司，港资合并持股比例则须不超过 49%，并且取消内地单一股东须持股 49% 的限制。

有见及此，前海金控与汇丰银行有意组建的证券公司将由汇丰银行控股，持股比例为 51%。至于与东亚银行组建的证券公司则为内资控股。东亚与前海金控合作协议签署后，将尽快提交申请所需文件，以尽早取得监管当局审批，待获得监管机构的批核后，新成立的全牌照合资证券公司即可在中国内地提供全面的投资银行及证券服务。

事实上，前海金控此次计划成立的两家证券商均为全牌照合资证券商。所谓全牌照，是指同时拥有经纪业务和投行牌照的机构，而现时多数外资、合资证券商公司仅持有投行牌照。

前海金控引进港资合办证券公司，是受到港资银行健全的公司管治体制、多元化的客户资源、出色的风险管理能力，以及国际化的业务运营经验所吸引，为未来合资证券公司发展提供较稳妥的保障。由此可见，香港作为区域国际金融枢纽的特殊领导地位，是毋庸置疑的，这也是香港特殊的竞争力。

此外，中国证监会亦正计划推出一系列的措施，以支持前海在资本市场上开放创新发展，并参考对上海自贸区实施金融扶持的政策，根据相应的安排在前海予以试验和实施。

以上各项金融创新安排，都是资本市场对外开放和国际化的重要举措，建设跨境金融基础设施，以及逐步放开与海外交易所互通也是未来可能的发展方向。期望届时前海将会扮演更重要的深港金融枢纽角色，在互利共赢的基础上促进两地的可持续发展。

深港可借前海增强创新

除了前海与港交所展开合作设大宗商品交易平台之外，前海对港的优惠土地政策，也有助于香港在土地上的扩容，以及通过前海的深港现代服务业合作，促进深港两地的创新产业发展。

在2016年出炉的INSEAD全球创新指数：内地排名第25，在中高收入地区中排名最高，效率比为0.9，全球排名第7；香港则排名第14，在东南亚、东亚排名第3。报告的结论包括：①通过全球创新避免陷入持续低增长模式；②有必要采用注重全球创新的思维模式；③对新治理框架进行讨论，创新正在变得愈来愈全球化；④对于建立完善的创新体系，不能通过刻板僵化的途径实现，激励创新的举措和创新的空间发挥着重要作用等。

这几点是值得大家深思的，笔者相信透过前海的深港现代服务业合作，可借着深圳高端技术人才为香港增容，而前海对香港的优惠土地政策，也有助于香港在土地上的扩容。

今天中国经济发展已经进入新常态，经济由飞速增长变成平稳增长，国家要避免进入中等收入陷阱，就需要积极寻找新的经济增长点，开拓新市场，开拓新产品。所以国家积极发展"一带一路"新市场，同时推动产业的升级转型，实行供给侧改革。面对全球资源愈来愈匮乏的今天，国家也积极投入探讨具颠覆性质的新经济，期望资源可以更有效利用之余，增加市民生活上的便利，为人民带来更美好的生活。例如拼车软件就是用有限的交通资源去服务更多人。又例如，互联网金融可以通过微资金的协助，帮助创业者达成梦想，在市场上测试水温。

其实在电子商贸迅速发展的年代，深港可否探讨以创新的思维，用创新的方法进行更多跨境合作呢？例如促进跨境的人流、物流、数据流、资金流，是可以探讨的方向，利用深港各自优势，一同做出具影响力的社会创新，并在人才发展、强化供应链、融资杠杆及开发市场上产生协同效应，相信会大大增强彼此的创新能力之余，也会提高创新效率。

笔者相信社会宜具备跨地域的思维，深港一同借粤港澳大湾区经济，一同开发"一带一路"市场。香港的专业人士如会计师、律师、工程师和内地企业一同走出去，并一同拉拢当地资金进行共同投资，以香港作为资金及信息交换基地，深港可考虑一同建立新电子贸易规则。

现时，前海管理局也积极促进不同方面的深港合作，包括人才上的合作，例如人才挂职、实习计划、专业人士执业；法治上的合作，如国际仲裁员、港籍陪审员；产业上的合作，例如金融准入政策、现代物流、优惠目录内的产业税务优惠；土地开发建设上的合作，如港式设厂管理服务、港货中心等。

笔者认为要创新，就需要一定的弹性，如果我们有突破地域、接受新思维的胸襟，相信会相得益彰！就让深港一同增加创新能力，在世界舞台上大放异彩！

推进深港大数据合作

在粤港澳大湾区经济下，深圳及香港应加强现代服务业，尤其是在创新科技上的合作。事实上，深圳是内地最多创新民企及人才的创新城市，香港是亚太区信息科技基建首屈一指重要的资料枢纽，因此深港两地各具实力及优势，有着不少合作的空间。

笔者深信外资企业要进军内地市场，首选是深圳。由于前海是深港现代服务业合作区，拥有金融、讯息服务及专业服务业等准入优势，是理想的落地点。而香港是内地企业走出去的最佳"踏脚石"，因为香港专业人才熟悉外地市场，而且对市场的反应也十分敏捷。

有见及此，为促进深港两地专家在数据科学上的交流，开展深港大数据具体工作，华人大数据学会、深圳市信息行业协会、互联网专业协会、深港科技合作促进会、前海管理局辖下的前海国际联络服务有限公司、深港科技社团联盟、云端与流动运算专业人士协会，特别发起筹办深港大数据联盟。联盟云集了深、港两地优秀的数据专家及信息科技界人士。

其目标包括：定期就大数据的科学及应用作交流、研究，制定深港大数据标准及数据交换规则；支援设立深港跨境大数据平台；研究深港大数据应用，促进智能城市的发展及应用科学技术作社会创新。联盟已在前海举行的首届深港大数据论坛上正式成立，并得到深圳市经济贸易和信息化委员会副主任贾兴东，以及香港政府信息科技总监杨德斌见证。

当日论坛邀请腾讯控股（00700）、阿里巴巴一达通及优步

（Uber）等知名企业代表分享其大数据应用。

此外，深圳市市场稽查局分享政府部门如何利用大数据打假；深圳市交通警察局代表分享如何利用大数据手段改善交通。笔者认为要促进智能城市的发展，达至以人为本的社会创新，让人民的生活更美好，不仅需要智能基建，而且需要技术及数据科学的配合，让不同的人可以共同参与进来，研发出更多能够方便市民生活的产品应用。

现时智能城市的缺点是太着重技术，忽略了以民为本的因素，所以必须要努力补足这个缺点，透过数据、科学技术及平台，配合创新的企业家思维，官产学研的参与及协作，让民众在智能城市中拥有更美好的生活。

展望未来，笔者将积极推进深港大数据联盟的实际工作，包括：定期安排数据科学交流会议；主办以深港大数据为主题的论坛活动；在社会上倡议不同的大数据应用。另支持与智能城市相关的大数据应用，以及招募更多志同道合的专家或协会加入联盟。要推进联盟的工作，需要深港两地专家一同集思广益。

积极推行人民币国际化

十八届五中全会通过的"十三五"规划建议中，提出加快前海等粤港澳合作平台建设。当中深圳把前海作为落实"一带一路"战略、自贸区战略及创新驱动发展战略的综合性平台，促进金融创新、科技创新、产业创新的互动融合。

其实，前海蛇口自贸片区已经正式挂牌超过半年。前海凭着敢于试验及不断创新的态度，至今已有73项改革创新成果，当中31项更被纳入《广东自贸试验区首批 60 条创新经验》。

前海的改革创新主要涵盖四个方面，包括投资贸易便利化、粤港合作、业务创新及加强事中事后监管。由此可见，前海在建设粤港澳合作平台上做出了较大努力。

前海不断改善行政机制，便利投资贸易。例如省政府简政放权，下放 60 多项管理事项给自贸试验区管委会承接。在管理时效方面，前海亦朝着行政管理统一、自贸试验区港区统一运作的目标进发。当中营业登记制度已实现"三证合一""一照一码"改革；外商投资也实行"一口受理，六证联办"的工作机制。在管理模式方面，前海开展信息化管理改革，率先推行统一、标准规范的电子营业执照，并推行商事主体电子证照卡，全面联网加工贸易手册资料传输，提升了审批、查验、许可等项目的效率。

粤港合作是前海的重点，为香港创业青年打造创业平台。以前海深港青年梦工场为例，约有一半团队来自香港。

另外，有鉴于香港企业在"走出去"和"请进来"过程中可能不熟悉内地法律法规，自贸片区设立了中国港澳台和外国法律查明研究中心及粤港合伙联营律师事务所，以协助港企能够顺利成立和营运。目前，港资港企港货交易中心正在建设，在前海备案的跨境电商企业也上百家，加上粤港检测结果可以互认，方便港货通关。

另外，前海也发展创新业务，例如积极推行人民币国际化。前海率先启动了服务业电子支付及结算服务平台，完善跨境电商结算的阳光通道。前海也成跨境人民币业务试点，包括发行跨境人民币贷款（截至 2015 年 9 月末，累计提款金额为 314.7 亿元）、境外发行人民币债券（深圳前海中小企业金融服务有限公司、前海金融控股有限公司赴香港分别发行 30 亿元、10 亿元债券）和跨境人民币信贷资产转让业务。前海也成外商投资股权投资试点（QFLP）及合格境内投资者境外投资试点（QDLP）。

前海为统一各部门的监管信息，借云计算、大数据技术去实现事前指引、事中事后严密监管的高效行政模式。同时，前海建设社会信用体系，打造政府主导、市场运作这个模式，协助公共事务与商业有机结合。

在建立集中统一的智慧财产权执法体系方面，前海亦正协调解决智慧财产权刑事保护的立案举证困难、诉讼周期过长等问题。

从以上四个方面，前海蛇口自贸片区的努力是有目共睹的，尤其是在业务和制度改革的道路上，不断推出新的措施。相信在"十三五"规划中，前海蛇口自贸区会继续努力，不但为粤港澳大湾区经济做贡献，更积极探索与"一带一路"策略相关的各种机遇。

前海加快保险业创新

中国保监会现已推出了《关于深化保险中介市场改革的意见》，提出培育国际竞争力的龙头型保险中介机构，并首推独立个人代理人制度，鼓励自主独立个人代理人创客。对此，深圳前海蛇口自贸片区希望建设国际化保险创新中心，使前海成为全球重要保险风险集散中心，为保险业带来活力，当中，前海保险交易中心更推出了全国首个保险创客中介平台。

前海保险交易中心是中国保监会认可的独立协助厂商进行保险交易平台，它如同一个电商平台，各种保险产品和创新型的保险项目都可以在平台上挂牌或交易，方便一站式处理下单、售后及理赔等服务。这个保险创客平台，采用社区化的网络微门店模式，令保险独立代理人制度更有效地落地。

具体而言，消费者可以通过创客中介平台直接发布需求，选择附近或者口碑评价优秀的独立代理人。而这些代理人将代表保险消费者，从开放平台海量的产品库中，根据客户需求推荐适合消费者的保险产品，甚至量身订制个性化产品，相信这有利于体现使用者的利益和保险诉求。

现时，全中国共有保险专业中介法人机构 2 000 多家，保险兼业代理机构约 21 万家，保险销售从业人员 500 多万人，但整体而言，目前仍欠缺独立代理人的行业标准。前海保险交易中心为了成为未来保险交易所的典范，制定行业标准是无可避免的发展方向。

事实上，前海保险交易中心这两年已进行互联网保险创新，组建了保险交易大数据，推进了云平台的建设，一旦拿下保险交易所的牌照，就可马上推进保险交易数据库的建设。通过大数据，可以随时掌握保险交易情况、违规提示，高效防止交易风险。大宗保险交易也可以在平台上挂牌交易，整个流程会更透明，竞价趋向于合理。除了各级政府可以采购大宗保险的招投标外，企业和行业会员也可以开展保险团购，为个性化的保险提供交易平台。

此外，前海保险交易中心还承担了深圳市政府巨灾保险的研究课题，中介平台也可透过"政府+机构+个人"的众筹方式筹集巨灾风险基金再加以运作，为中国巨灾保险缺乏社会参与度问题提供了解决途径。目前，该平台已签约深圳市软件行业协会等几十家，旗下会员企业约 1.6 万人，另外独立签约企业会员上千家。目前平台已经开始了独立代理人的培训活动。这批代理人创客将通过培训考试获得资格，今后将在创客平台上实现个体创业。

目前，前海已经入驻 15 家持牌保险机构总部，是入驻保险机构总部最多的国家级平台。其中包括一家寿险公司、一家产险公司、一家控股公司、一家互联网保险公司和三家保险资产管理公司，另有保险中介法人机构八家，保险总注册资本超过 400 亿元。2014 年，保险业增加值为 47 亿元，占前海 GDP 的比重达到 25%。

为进一步丰富和完善深圳保险市场体系，促进前海保险创新，下一步，前海将创新发展航运保险、物流保险、融资租赁保险、邮轮游艇保险、海上工程保险、大型海洋装备保险、海外投资保险和海外租赁保险等新型保险模式。

综合而言，未来深港的互联互通，主要有六大方向。首先深港合作，必须先行端正态度，双方均不亢不卑。现今世界早已不是纯粹城市与城市之间的竞争，而是城市群与城市群的竞争。深港合作不应抱着竞争心态，而应寻求相互协作，优势互补。深港的合作和发展，香港不但是一个走出去的引路者，也能在深港合作下成为"一带一路"的超级联络人，并在国际贸易、融资并购、数据平台、技术合作、跨境基建、调研六大范畴上，发挥深港澳合作与发展的重要效用。

"一带一路"是国家大战略，在走出去路途中，深圳可以利用香港的资源、人才和经验，形成一个跨境、跨行业的平台，进一步推动内地企业走出去，避免走歪路。相信香港能够扮演引路者的角色，联系"一带一路"的国家。笔者认为以下六大方向值得深港一同思索。

一、共建贸易规则。在国际贸易方面，深港可考虑共同建立一套可复制的贸易规则，借助广东省自贸区的先行先试，进一步发展不但能够与国际贸易接轨，又能得到各国欢迎的规则。例如在跨境电子商贸上，深港可以一起订立新的规则，探索能够得到市场和客户支持的方案，做到"获客、获市、获支援"这个目标，一同打造成为亚太区电子商贸枢纽。

二、借并购走出去。在金融融资方面，我认为内地中小企业不但可以借香港平台作融资，进一步壮大，更可以透过并购走出去。加上香港是最大规模的人民币离岸中心，而离岸人民币的在岸点，深圳前海也是最自然的选择。深圳进一步发展跨境人民币业务，加强深港合作，相信对两地的经济发展均有利。

三、共建数据平台。深港可以一同制订一个深港大数据平台和数据标准，并期望这个标准未来更可以应用于中国内地的其他自贸区。这个数据平台不但要有对外开放的界面，令政府、大企业和中小企可以一同参与，更可以让深港一同投入数据，取得数据，分析数据，应用数据。此外，笔者认为可以考虑借用前海深港现代服务业合作区的先行先试优势，建立一个数据特区，促进跨境海量数据交流，并成为对外信息开放试点，和海外接轨。

四、配合技术人才。在技术合作上，深港应该充分利用深圳的创新技术积累和人才，配合香港在资金、国际视野和市场触觉的优势，打造出具创意、吸睛力较高的产品和服务，产生更多协同效应。相信这对提高香港的创新能力会有正面作用，也能促使深港一同创造受到海外市场欢迎的产品和服务。

五、发展西部铁路。跨境基建也是见证深港合作的重要一环。有鉴于现时的深港铁路交通主要集中在香港的东面，西面仍未有铁路开通，而香港和深圳的机场却同样位于东面，如何开发深港西部的轨道交通，值得探讨。只有这样，才能促进两地的人流、物流、资金流的融合，进行更深入的合作，提高深港在物流业的核心竞争力。

六、寻求智库协作。在调研合作方面，我认为深圳的研究机构可考虑在香港设立智库，或寻求与本地智库协作，并联系上国际智库，深化深港研究的内容，一同提供更具国际视野的政策建议，相信这对未来"一带一路"会有所裨益。

现今世界经济东移，国家开展"一带一路"战略，是天时；深圳和香港同时是国家"一带一路"的战略支点，占了地利；希望深港能够在包括以上的六个方面全力合作，调整心态，同创共赢，就能达到人和：把深港打造成为"一带一路"超级联络人，对两地发展都是绝对有利的。

从跨境资本流向看金融格局演进

东英金融集团总裁　张高波

首先需要说明的是：跨境资本流动和国际金融格局是一个巨大的话题，我要和大家分享的，仅仅局限在与中国相关的跨境资本流动和与之相对应的国际金融格局。

中国与国际资本发生关系，始于 20 世纪 70 年代开始的改革开放。

当时的情形是这样的：中国刚刚开始把工作重心从政治斗争转移到经济建设上来，百废待兴。虽说中国有大量廉价的土地、丰富的自然资源以及成本低廉、勤劳苦干、怀揣强烈致富冲动的巨大劳动人群，但苦于没有资本、技术、管理以及产品销售渠道，经济建设无从起步。与之相对应的是，国际制造业转移到亚洲已经多年，"四小龙"的土地和人工成本居高不下，正在努力寻找新的生产成本洼地。邓小平的伟大之处就在于，他看到了这一大格局下，中国的机遇和挑战，毅然决定对外开放，用引进外资的方式，启动中国经济的"发动机"。从此，中国经济开始与国际资本对接，也开始影响和塑造新的国际金融格局。

中国经济与国际资本的对接

要想对接成功，必须有共同认可的接口标准和与之配套的金融基础设施。为了对接成功，中国和国际社会都开始为此做准备。

中国为了吸引外资，就得按资本的意志做好自己的接口。首先，从观念上统一认识，在全国树立"招商引资"光荣的观念。各地政府出台各种招商引资奖励办法，招商引资成为经济工作的重中之重。其次，在财经制度方面，做了大量的基础建设。先后出台了"中外合资企业管理办法""外债管理办法""海外上市管理办法""公司法"等法律法规，并大幅修订我国的会计制度，向国际会计准则看齐。

海外资本市场，也为抓住中国机会，做了大量的调整和准备。首先在观念上，认可改革开放之后，中国有巨大的机会！其次，在制度安排和人才配置上，也做了大量的准备。比如：为了抓住中国机会，外资机构雇用了大量的中国海外留学生，在全国各地寻找投资机会；同时，在海外雇佣和培训了大量的专职销售人员，专门销售与中国相关的金融产品；在香港，雇佣大量的设计开发人员，把中国投资机会，变成海外投资者可以接受的金融产品，然后卖给世界各地的投资者。

举个例子：1992—1993 年中国企业刚开始在香港发行 H 股时，内地还没有公司法。今天的人们很难理解没有公司法，怎么能够上市呢。但当时的先驱们，就是在这样的情形下开启了中国的资本大门。没公司法怎么办？香港交易所就要求每家发行 H 股的公司，必须在自己的公司章程中，加入一些必须要有的条款，在当时叫"必备条款"。这一产品的设计和实施，就叫对接。从此，海外投资者，通过认购在香港交易所上市的 H 股，把资金投到了中国企业。

经过 30 多年的交互影响和演化，中国和国际金融市场之间，形成了这样一个格局：以香港为枢纽，有两个喇叭口，一个喇叭口朝向国外，一个喇叭口朝向内地。朝外的喇叭口，通过销售中国金融产品，源源不断地把海外资金汇聚起来，再通过朝内的喇叭口，把资金投到中国的大江南北。

这一资本的单向流动，持续了 30 年，造就了中国的经济奇迹，造就了香港国际金融中心的崇高地位，也造就了千千万万的成功企业。当年我们公司参与了第一批 H 股在香港的上市工作，主导了第一只"红筹股"的香港上市，也就是北京大学创办的"北大方正"。那是真正意义上的"红筹股"，即把内地资产注入香港注册的壳公司，而后用香港这家注资后的公司，在港交所上市。这期间面对的各种制度挑战，一言难尽。所幸的是，这一实践，为后来的内地企业上市，开辟了一条康庄大道。前几年，为了方便海外投资者投资中国的证券市场，我们和南方基金合作，打造了全球最大的 RQFII ETF 平台。

俗话说："三十年河东，三十年河西。"过去 30 年形成的金融格局，近来发生了乾坤大挪移。中国不知不觉间，从一个资本的引进国，变成了对外投资大国。投资形式也从外管局单一的购买美国国债，变成各行各业五花八门的多种形式。从大国企的海外大并购，到小老板们的海外作坊，从长线直接投资，到短炒的金融投资，直到今天的 QDII、沪港通等。

这一资本转向，背后有不可逆转的巨大推力。中国是世界上储蓄率最高的大国，多年经济发展，积累了大量的财富储蓄。中国作为世界工厂，原料和市场必然依赖海外。企业大到一定规模，也必然向全球寻求技术、品牌和市场。最近一两年，又增加了两个重要的推力。一是中国 A 股上市公司，因为估值明显高于全球平均水平，有购买海外低市盈率资产的强烈冲动。二是中国的证券投资者，在 A 股不会大涨、人民币预期贬值、分散风险等综合因素的影响下，产生了全球配置资产的强烈意愿。

乾坤已经挪移，潮流已经转向，两个喇叭口的资金流向，从单向流动变成了双向流动。各方都准备好了吗？

先看国内，观念上还没准备好。到底对外投资是该鼓励还是该限制？对外投资的业绩考核，是应该着眼于长期还是短期？是只注重财务回报，还是应该综合考虑？……引进外资政策，我们稳定了 30 年，对外投资政策却朝令夕改，一会儿说人民币要国际化，放松一下；一会儿又说要防止资本外流，严控一下。根上还是认知不统一。但什么是潮流？潮流就是浩浩荡荡，顺者昌逆者亡。中国人久贫乍富，还要花大量学费学习做个有钱人。既然中国变成了对外投资大国，对内的喇叭口有没有把中国资本汇聚起来投资海外的功能？有没有把海外机会说清楚的专业人员？有没有适合中国人口味的海外投资产品？

老外也没有准备好。引进中国人做股东，资本意志究竟如何？投票决策，是只看财务回报，还是有政治考虑？是企业自主决策，还是政府审批？投资偏好是什么？老外还在猜，还在体会。回头看香港，目前还严重缺乏能够专注开发既能抓住海外投资机会，又能满足中国人要求的投资产品的专业人员和组织机构。过去 30 十年，资本来自西方，西方制定规矩，往后资本来自中国。那么旧的规矩将如何调整？新的规矩会长成什么样？就像过去 30 年一样，潮流推动变革，变革强化潮流。今天新的潮流来了，我们该怎么办？

互联互通潮流下香港基金业的新机遇

在互联互通的大潮下，业界迎来不少新的机遇。

以香港基金业为例，过去二三十年，由于大中华证券市场的高速发展，海外培育了大量的与中国相关的基金经理。他们之前大多供职于外资金融机构。金融危机之后，外资机构收缩规模，很多基金经理感到上升空间有限，在当前万众创业大潮的推动之下，纷纷离职，创办自己的基金管理公司。另外，国内大量的私募基金经理，积累了相当丰富的投资者基础和投资经验，也开始把触角伸到了香港，旨在帮助中国人投资海外，或帮助已经出境的中国资金再通过 QFII、RQFII 或沪港通投回内地，或在香港投资海外上市的中国企业，希望在香港积累具公信力的业绩证明之后，进而争取管理全世界的钱，在全世界投资。

很多海外大型投资机构，也正是先从管理国内人资金在国内投资，进而管理国内人资金在海外投资，最后才管理全世界人的钱在全世界投资。海外被证明成功了的发展道路，正是中国创业者的梦想。在这一大背景之下，香港持有资产管理牌照的公司数目，从 2010 年年底的 798 家，增至 2015 年年末的 1 135 家，这是获得批准的牌照数目。还有成千上万未获批准和准备申请的，其中很大比例的申请者都来自内地。

但是，内地的基金管理人想要独立在海外设立一家基金管理公司，是有成本和限制的：至少要两名持牌负责人，还要有基本的辅助人员，还要自己去面对交易商、托管行、清算所、审计机构、监管机构等。在一个自由市场，按道理应该有这样的专业服务平台，为这些创业的基金公司，提供包括风险控制服务、合规运营服务、全面的中后台服务、引进资本服务等，让基金经理们把精力专注于投资上。但事实是，香港作为全球领先的国际金融中心，却没有这样的专业机构。

究其原因，可能有以下几点：第一，过去几十年，资金主要来自海外，能来到香港的外资，都是大行，每家都有自己独立的运营系统，对公共平台没有足够需求。第二，这是十分专业的服务，要非常熟悉海外监管要求及市场运营实践，没有多年经验积累，难以提供高效的专业服务。外资行经验丰富，但大多处于收缩期，无意拓展新业务。在新的跨境资本流动趋势下，这一市场基础设施的缺失，其实带来了不少新业务的机会。我们可创办一个平台，一次性服务于众多基金管理人，通过模块化整合，提升整个服务链效率，减少从业者的时间和财务成本。

30年前开始的"招商引资"大潮，造就了无数英雄。新的机遇呼唤着新的英雄。我们今天期望着和广大新锐的基金经理一起，把中国人的钱管好，将来把全世界人的钱也管好，随着中国崛起，重塑国际金融大格局。

三、"两通"之后往何处去

回归金融本质，服务实体经济

全国政协常务委员会委员

中国人民政治协商会议上海市第十二届委员会副主席　　　　周汉民

当前国际社会中的金融体系是否还遵循着金融的本质？

金融的本质是什么，运行于当前国际社会中的金融体系是否还遵循着金融的本质？这是一个很值得探讨的问题。

从 2008 年至今，由美国次贷危机引发的全球性金融危机影响深远，世界经济陷入发展泥潭，引发了社会各界，尤其是各国政商领袖、业界首领们对个中原因进行深刻反思和探讨，并取得了积极成果。当前，国际经济形势仍然不容乐观，再加上欧洲债务危机的蔓延、贸易保护主义的抬头、恐怖主义袭击的增加等许多不确定、不稳定因素的影响，全球实体经济复苏缓慢。金融与实体经济密切联系，互促共生，脱离实体经济的金融是无源之水、无本之木。

在我们对危机本身进行反思的同时，更应该对金融的本质进行追溯，究其根本含义，察其终极目标，观其与实体经济的联系，使之能够更好地服务实体经济。

究其根本，金融的本质可以解释为"资金的融通"。虽然世界银行曾给出过一个较为宽泛的金融定义，认为金融既包含在一般层面上对商品劳务的资金转移服务，也包含在更高层面上对某一经济体中金融安排的基本经济职能的履行支持，如动员储蓄、配置资本等。但本质上，金融可以看作人们用以在不确定环境下对资源（可以看作"资金"）进行跨时空配置（可以看作"融通"）的手段和媒介的有机整合体。金融不是为了自身发展而发展，金融的发展最终要促进经济的发展，通过建立起一个有效的金融体系来降低隐性交易成本和风险，提高实体经济发展的投融资效率，最终促进社会福祉的增长。

金融的演进与实体经济的发展应该是循环互动的

金融的演进与实体经济的发展之间应该是一个循环互动的联系，其具体表现为：实体经济发展有助于金融产业的演进，而金融产业的演进又有助于加速实体经济的增长和经济结构的调整。金融发展的目标不是通过金融产业本身的数量、规模的增长来实现的，而是通过其所承载的金融功能的演进对实体经济服务水平的提升来实现的。因此，金融与经济体现了一种双向关联。一方面金融因经济的需要而产生，依赖于实体经济的发展。经济对金融起着引导、制约和决定性作用，体现在以下三点：

第一，实体经济为金融市场的发展提供了物质基础。金融发展无法独立于实体经济而单独存在。第二，随着整体经济的进步，实体经济也必须向更高层次发展，并对金融市场产生了新的要求。第三，实体经济是检验金融市场发展程度的标志。金融市场的出发点和落脚点都是实体经济，即发展金融市场的初衷是进一步发展实体经济，而最终的结果也是为实体经济服务。因此，实体经济的发展情况如何，本身就表明了金融市场的发展程度。曾经，冰岛政府破产就是金融业畸形发展导致的恶果，所以，实体经济是金融业发展的最终根本。

另一方面，金融自身的效率安排也决定了经济的发展绩效，决定了社会福祉的增长效率，具体而言也有三个关键点：

第一，金融业的发展影响实体经济的外部宏观经营环境。外部环境包括全社会的资金总量状况、资金筹措状况、资金循环状况等。这些方面的情况，将会在很大程度上影响到实体经济的生存和发展状况。

第二，金融业的发展为实体经济的发展增加后劲。实体经济的发展随时都需要资金的支持和金融血液的灌输，借助各种各样的途径和金融工具，不仅可以分散实体经济发展中面临的风险，解决或缓解资金需求，更提高了实体经济的发展效率。

第三，金融业的发展状况制约着实体经济的发展程度。金融业的发展过程经历五个阶段，即闲置货币的资本化、生息资本的社会化、有价证券的市场化、金融市场的国际化、国际金融的集成化等。事实证明，金融业发展的阶段不同，对实体经济发展的影响也就不同。现在，金融业不仅仅是作为实体经济的后盾，更在诸多方面引领着实体经济的走向。也就是说金融业发展的高一级阶段对实体经济发展程度的影响，总比金融业发展的低一级阶段对实体经济发展程度的影响要大一些。

正因为如此，我们应该清醒地认识到，虽然当前金融已经成了全球历史上最为活跃、最具创新精神的市场，但在世界范围内它的发展趋势已经在很大程度上偏离了其应有的终极目标。资本化和证券化的泛滥，使得金融的发展已经脱离了"资金融通"的本质，背离了"服务实体经济，促进福祉增长"的终极目标。金融体系成了投机炒作的手段和工具，投机套利成了金融活动的核心，为实体经济服务却正在沦为其附属目标。金融业脱离实体经济而过度地自我创新、自我循环和膨胀，社会资本脱虚，实体经济空心化等问题严重制约着实体经济的发展。只有正确处理好金融与实体经济的关系，主动迎接改革的挑战，金融才能为实体经济提供更多的服务。

上海的产业发展要充分发挥金融对实体经济的支撑和促进作用

作为国家定位的国际经济中心、国际金融中心、国际贸易中心、国际航运中心、具有全球影响力的科技创新中心和现代国际大都市，上海的产业发展要求充分发挥金融对实体经济的支撑和促进作用。上海市政府一直致力于金融市场建设，强调健全的金融市场体系应由间接融资向直接融资模式转变，由简单资金动员和分配向更复杂金融功能转变，并通过金融市场的发展来内生出和创新实体相匹配的金融组织形式和金融产品，建立上海国际金融中心建设与实体经济发展之间的协调机制，构建基于企业主体的金融产业政策，强化金融硬件与信用环境建设，平行推进传统金融市场与民间资本市场的建设与监管，同时加强投资者保护与金融风险控制等，为实体经济转型发展提供坚实有力的支撑。

简而言之，要推动金融服务实体经济不断取得新成效，要求我们的政策制定者、金融从业者，从针对金融服务实体经济方面存在的问题入手，探寻切实道路，推动健全多层次资本市场体系，推动健全金融产品市场化定价机制，推动深化人民币国际化水平，从根本上落实金融供给侧结构性改革，积极围绕"三去一降一补"，破除制约实体经济发展的突出矛盾，围绕"一带一路"倡议深化改革开放，提高我国产业竞争力水平，实现"中国梦"。

而对于保护主义、极端思想日趋抬头，区域治理趋于碎片化的全球经济，要如何依托全球网络推动经济发展，融合区域核心建立全球开放网络，加快金融体系改革，重振国际贸易和投资，这些问题的答案我们还在不断寻找。但有一点我们可以肯定，那就是实体经济与金融互为肌骨，互相支撑。只有推动金融回归本质，才能服务实体经济，才能从根本上促进全球的经济复苏和可持续发展，才能打造全球的"人类命运共同体"。

沪伦通将挑战沪港通和深港通？

新浪财经香港站站长　彭　琳

中国政府推出沪港通、深港通，曾引发两地金融界和普通投资者的众多猜测。在内地，曾经有不少人一厢情愿地认为，"两通"最主要的意义是为波澜不惊的 A 股市场引入海外"活水"，推动股指上行，但这样的梦想并未成真，甚至随着人民币对美元贬值趋势的加剧，资金的流动反而出现相反的方向。

在香港，则有许多人将其视作与 CEPA、自由行类似的送大礼。这种收礼心态令不少港人对沪港通、深港通的通车时间过度敏感，患得患失，将香港社会上出现的不少事情与之牵强附会，稍有风吹草动就担心大礼会被收回。深港通临近开通前，中英金融会议后传出沪伦通加紧筹备的消息，立刻又引发了舆论关于香港市场被边缘化的担忧。

如果读者用心，会发现在内地监管层的措辞中，深港通、沪港通用得并不多，更常见到的则是"互联互通"。事实上，"互联互通"不是一个用于股市联通的专有名词，其概念的内涵十分深远，是当前国家和区域合作之中最主要的机制之一，涉及不同产业、不同领域。例如2009年10月东盟第15届峰会就以增强互联互通作为主题。而中国，在区域互联互通中的核心枢纽地位也已越来越凸显，近年来中国提出宏大的"一带一路"倡议，其核心也正是互联互通。

互联互通放眼人民币国际化

香港对于内地，除了是个受照顾的特区之外，更重要的是最大的人民币离岸中心。香港自2004年已启动人民币业务，但由于长期的制度限制，大部分留存的人民币资金仅是活期存款、存款凭证等形式，未能有效利用人民币资源。沪港通、深港通的设计，正是以人民币计价的形式，在封闭的资金循环通道中实现了人民币穿越边境，双向流动。

人民币的国际化，是与两个互联互通机制不可分割的进程，更是中国资本市场开放最主要的目标。香港作为境外人民币最重要的中心，其人民币存量比全球其他离岸中心加起来还要多，人民币投资的需求最大，也因此才会被作为市场互联互通首站，也是最重要的一站。

当然，沪港通和深港通并不是内地资本市场对外联通的启动点。例如2002年中国已经开始实施QFII制度，2011年推出RQFII制度，随后监管机构对QFII和RQFII的管制也在不断放宽。在筹备深港通过程中，2016年9月中国证监会宣布，为增加投资运作便利，引入更多境外长期资金，未来原则上不再对QFII和RQFII资产配置比例做出限制，海外资金的投资决策更加自由。

内地市场从与香港到伦敦等越来越多的境外市场建立联结，到最终向海外开放市场，其过程也正类似人民币国际化从国与国双边的结算开始，到货币互换，扩大到加入国际货币基金组织特别提款权并进一步让汇率自由浮动。

无论是人民币的国际化，还是资本市场的开放，在互联互通的大蓝图中都可以分作两个维度来考察。纵向而言，对于建立了互联互通机制的市场，产品的种类、内涵不断拓宽，资金流通的限制不断放宽。横向而言，中国将会主动推动互联互通机制不断地复制、调整并携手更多地区的市场。

沪伦通是"两通"下一步？

我们从两个角度来看内地正在积极推动的沪伦通，会发现它既不是沪港通、深港通的翻版，也并不是对沪港通、深港通业务的挑战和威胁。

首先，中国和英国处于不同的时区，两地投资者不能如沪港通、深港通一样全程同步交易，在结算、监管、交易模式和市场基础设施方面，都无法照搬沪港通和深港通的做法。此外，中英两地经济的关联程度和企业到对方市场投资的比例，也远远不能与内地和香港相比，两通这样将股市投资标的大规模开放给对方市场的投资者，在沪伦通中显然也是并无必要的做法。

可以说，沪伦通的核心，将在于满足、培育境外投资者对人民币证券产品的投资需求，并让两国的投资者能够投资并受益于对方市场企业的成长。

香港在内地与伦敦之间也发挥了互联互通的桥梁作用。伦港通已经早于沪伦通展开实质性的推进，这一业务的重点在大宗商品领域上，主要内容包括在香港期交所与伦敦金属交易所之间的交易通以及结算通。港交所在深圳前海地区建立的大宗商品交易平台也于2016年上半年启用，国家总理李克强更曾亲临指导。尽管该平台目前仅服务内地客户，但根据港交所的计划，最终目标是打通从伦敦到香港内地的市场，成为三地通。

随着沪伦通的开通，人民币更多地被应用，外资拥有更多投资内地的途径，香港作为金融机构总部和研究基地也会相应受惠。同时，目前香港和伦敦的两地套利机制已经相当成熟，也有众多外资参与，以后如果上海与伦敦股市打通，三地套利机制将更加完善，也对大型基金更有吸引力。

沪伦通当然也绝不会是互联互通蓝图上深港通、沪港通后的唯一一步，市场互联互通正在不同的角度上走出了许多步。2015年年底上交所、德意志交易所和中国金融期货交易所已经共同在德国法兰克福启动了中欧交易所，目前挂牌了超过200只以人民币计价交易的产品，以债券和ETF为主，未来会扩大到更多的金融衍生品。上交所和中国金融期货交易所2015年正式开始联合打造上海自贸区国际金融资产交易平台，工作重点包括在不同市场发行存托凭证、A股指数期货、中国通、国际通四大业务。

"沪X通"遍地开花，香港地位须思考

一方面，香港作为内地资产海外配置第一站的地理优势不会改

变，在很长时间内，对内地资金的吸引力当然会大于伦敦。然而在另一方面，我们也必须清楚虽然香港目前还是最大的人民币离岸中心，却早已并非唯一中心。全球最主要的金融中心伦敦，在沪港通启动前，中英间 RQFII（人民币合格境外投资者）已经启动。英国企业、投资者也可直接用人民币购买中国股票、债券，无须经过香港，上海和伦敦的人民币和英镑可直接交易。沪伦通的启动也不是一个简单的合作机制，中英之间已建立面向 21 世纪的全面战略伙伴关系，在贸易投资、金融服务、基础设施和能源、产业战等方面均有涵盖，在金融业方面，合作涉及资产管理、银行业、资本市场、保险业和养老金等传统领域及绿色金融、"一带一路"项目融资、金融科技和普惠金融等新领域。

在 2016 年第八次中英财经对话后，中方称中、英两国拥有不可比拟的金融伙伴关系，更指伦敦作为全球领先的国际人民币离岸中心，双方发布了金融服务战略规划以追求更紧密的中英监管和商业合作，将支持通过伦敦金融中心使中国金融市场融入国际市场。显而易见的是，伦敦的未来角色之一，必将是西方最主要的人民币离岸中心。

在亚洲方面，新加坡从 2011 年奋起直追，由于业务限制更少，人民币产品的发展速度比香港更快，目前人民币和新元的直接交易也已经启动。而且，新加坡是东南亚区域性的金融枢纽，是面向东盟的最主要国际金融中心，作为人民币离岸中心可以大大推进人民币在亚洲区的拓展，这一优势香港也是难以比拟的。

然而，只要我们明白沪港通和深港通的设计并不是为了送大礼，而是为了拓展人民币的投资渠道，也就会明白目前全球各地星星之火般开展人民币业务的地区，其实个个都将是未来资本市场互通的选项之一。当前人民币已经正式加入国际货币基金组织特别提款权，即便沪伦通的业务与沪港通和深港通完全不同，香港"独市生意"暂不受到威胁，也根本不可能长期持续。事实上，中国台湾、新加坡等地已经在着手筹备迎接沪台通、沪新通，不少更开始寻求与香港金融机构合作。

对于香港政府、监管者和每一个市场参与者而言，或许更应当思考的是，随着沪伦通的临近，"沪×通"有可能在全球遍地开花。拥有两通的香港要如何加快自身的升级和拓展，继续吸引投资者走这边？不能绕过的是，越大型、越发达的金融中心，未来对沪港通的分流作用也就越大。一旦沪伦通业务拓展开去，沪新通、沪纽通等纷纷提上日程，香港又要凭何种独特的服务、产品来提供新的投资机遇，让资金愿意留下？

深港通，原来你也来了

国家发改委国际合作中心首席经济学家

中国黄金集团公司首席经济学家　　　　万　喆

市场是个系统，深港通不过是一小部分，但只有它们相互促进提升，才能都得到最满意的结果。

深港通被期盼已久，但当它真的到来，也许反而不如预料那么振奋人心。人们不过说一句，原来你也来了。我们真缺（深港通）吗？

过去无论有什么新政策，我们都额手称庆。今天，或者我们会先问一问，这项政策是要做什么的，有什么细则支撑它能够做这件事，达到它的目的的路径可行吗。

资本市场一直被认为是为企业解决融资困难的重要途径。那么开辟与香港接通的市场是否能够解决我们的问题或者提高已有的效率呢？也许很难给出结论。

比如说，我们缺钱吗？不一定吧，虽然很难说这些钱愿意或者不愿意去这个或那个市场。

从宏观数据看来，M1 和 M2 的货币剪刀差从 2015 年 10 月开始便开始不断拉大，二者的差值已由 2015 年 10 月的 0.5 个百分点，升至 2016 年 6 月末的 12.8 个百分点。据计算，若用 M1 减去稳定的流通现金约 6 万亿人民币，企业趴在银行里的钱高达约 38 万亿人民币。也就是说，企业不是没钱，手上攥着现金，只是不愿意投资，宁愿放在银行当活期存款。

当然也不是不愿意投资，虽然民间固定投资下降得厉害，2016 年上半年民间固定资产投资同比名义增长 2.8%，与 2015 同期民间投资及 2016 年同期全社会投资相比，降幅均已超过六成。但对外投资增幅较大。2016 年上半年我国境内投资者共对全球 155 个国家和地区的 4 797 家境外企业进行了非金融类直接投资，累计实现投资 5 802.8 亿元，同比增长 58.7%。

我们也不缺人。许多上市公司也很愿意回来融资。万达就对 H 股被低估很不高兴，意欲回购。事实上，许多过去在海外上市的公司都因海外市场的被低估而纷纷意欲回巢，希望拥抱勤劳勇敢、善良多金的 A 股群众呢。

他们能给吗？而且，我们是不是能够借此吸引新的资金？

根据 2016 年 8 月的数据，已开通的沪股通可用余额仍旧有一半，而港股通尚有两成。这显现出整体热情并不像预测的那样收敛不住，吸引外来资金充实我市场的融资目标恐怕还是有些遇冷。

2015 年年末，在 A 股市场相对向好的背景下，海外投资者却持续通过"沪股通"卖出股票，这是两地脱节的一个典型迹象。2015 年 10 月底内地投资者新开股票账户的速度达到两个月内最快，并且融资额也达到 8 月以后的最高水平。与此同时，当年 10 月 16 日后，国际投资者每个交易日都在净卖出上海市场的股票，累计净卖出超过

180 亿人民币（28 亿美元），持续时间之久创下"沪港通"启动后的最长纪录。这与中国内地投资者的乐观情绪开始恢复的迹象形成鲜明对比。

海外投资者的态度除了对中国经济的信心外，也关乎对中国市场运营机制的信心。2015 年 10 月的海内外投资趋势的背离，恐怕也和之前"股灾"中使用的处理办法有关。海外总体而言更青睐透明度高的市场。同样的公司，他们会更愿意购买海外上市的中国公司股票，因为对市场政策的一致性更有把握。

市场吸引力的形成，是一个信用建立的系统性工程。要将中国市场变得更加专业化，监管当局仍面临重重障碍。

大家能好好谈吗？不仅如此，无论哪种"通"的机制，其本意是想创造"一个中国"的市场，认为 A 股与 H 股的价格将接轨，差距最终将消失。但是事与愿违，AH 股差价却越拉越大。恒生 AH 溢价指数在 2014 年 1~11 月基本稳定在 95 左右。但从 2014 年 11 月沪港通开通后，恒生 AH 溢价指数开始狂飙，最高升至 150。2016 年以来，该指数有下降趋势，从年初的 140 左右降至目前的 125。

两地上市股票获得完全不同估值的一个极端案例是广汽集团。2015 年 6 月份，受政府加大对汽车行业的支持力度影响，广汽集团股价在内地大涨 49%，但同期该股在香港股市仅仅上涨 3.8%。其 A 股较 H 股溢价 281%。

虽说从宏观而言，两地股市本身强弱有别，不可能完全同步，同一上市公司不同市场挂牌的股票面对不同的系统性风险，价格差异难以避免。但其他因素也很难被忽略。AH 股价倒挂现象并非一朝一夕或偶然现象，长期存在必有其深层次原因。

AH 股差价与两地市场不同投资者结构带来的投资偏好差异有关。比如说，A 股市场上，蓝筹股总体不受欢迎，市场资金偏爱所谓成长性好的中小盘股，而目前较 H 股折价的 A 股大多是大盘蓝筹股。

我是怎样的我？海外投资者一般更关注估值和基本面，香港市场以机构投资者为主，再加上市场资金成本低，高股息率的蓝筹股受到青睐，不少投资者将其当作"另类储蓄"。

但在中国内地股市，偏好则有所不同。这种偏好，显现的其实是我们市场的特征和习惯。与香港市场相比，A 股市场恐怕是一个更注重概念炒作和短期投资投机的市场，对于整体经济和企业运营这些基本面的关注相对更弱。A 股市场的投资偏好，大概可以说更为"技术性"，主要是看市场心理效应的高低，盲动性和从众性都相对较强。所以，经常会发生"大户"爆炒，连续多少天一直涨停板或跌停板，而 A 股散户则趋之若鹜的状况。

这也给"互联互通"带来了新的风险。A 股本来就与国际股票市场不尽相同，可进行对冲的衍生工具很少。因此，如果尤其在监管可能存在"真空"的情况下，当两地"通"时，就可能发生大户利用国际市场衍生工具将账上股票对冲出去，却制造账上还在持有的假象，错误引导小散户们，自己却蓄势待发，引发巨大波动而获利。

A 股这种较为"非理性"偏好的养成，当然与我方市场一直以来的定位、功能与监管的偏好也是有关的。

谁来管？怎么管？监管从来都很难，因为市场总是在奔跑。但又不能不让它跑，因为这是它生命存在的意义。

两地都以保护投资者为目的，但内地证券市场与香港证券市场在交易制度、证券监管框架、监管法律体系均存在相当大的差异。尽管有特殊的渠道打"通"两地市场，但两地对诸如违规信息披露、内幕交易及市场操纵等证券欺诈、违法违规行为的认定与监管并没有统一规定，惩戒思路和方式相差很大。

香港证券监管机构基于无罪假定，但因细则非常缜密，通常普通违规者极难逃脱监管。当上市公司涉及收购合并时，要求公司进行完全披露，股票不要求停牌，就算停牌也是极短，这是假设所有市场人员已获取共同信息而参与股票买卖。若怀疑某股票有市场操纵嫌疑，会直接要求提交过去几个月与之相关的交易记录、电话记录、银行对账单等资料。

而内地证券法并没有这么细致的规定。但行政干预往往都是基于有罪假定。当内地上市公司涉及收购合并时，内地监管部门的一贯做法是要求股票即时停牌。虽然消息已按要求公布，因仍害怕有人利用消息暗箱操作获利，使处于信息不对称的小股东利益受损，故此停牌。

不仅理念基础不同，双方监管机构在当地的执法权力也不一样，现在行为"互通"了，但监管按照属地原则，如何界定权力边界？又如何配合协同查处处罚？

跨境监管无论是在监管对象、监管内容、监管范围，还是监管程序上都对两地证券监管部门提出了新的要求。

我在想什么呢？我们对于开放的态度也始终五味杂陈。不开放，一切所谓新的"红利"恐怕都只能在桎梏中慢慢冷却湮灭；开放，又恐怕黄雀在后，资本大鳄三下五除二就把门户击穿了。

这种担心很有必要。开放金融市场，是把双刃剑，也有大量历史证明，如果自己实力不强，还要拿把锋利的匕首，说是强身防身，往往最后却成了对付自己的好武器。

全球金融资本市场特别是股票市场在对外开放初期，都曾引致市场大幅波动。韩国于1985年金融和资本市场初步对外开放，股市指数从140点一直上行至1 000多点，运行约4年，至1989年崩盘，股市跌了一半多，市场遭受重创。中国台湾地区在1986年开始有限度地开放股票市场，股票市场指数从1986年1 000多点起步，到1990年崩盘，指数创12 495点，足足升了10倍多。

怕不怕？说实话，2015年汇率改革，在2015年7月至2016年2月期间，中国外汇储备存量由3.65万亿美元左右下降至3.2万亿美元左右，缩水了约4 500亿美元，最近才渐渐趋稳。

2016年，中国外汇交易中心宣布自2016年8月15日起，对在境外与客户开展远期售汇业务的境外金融机构收取外汇风险准备金，准备金率为20%，准备金利率为零。以此防范资本的大额流出和跨境套利行为。

市场不会完全听话，改革总有试错，但不能真的犯大错。如何保持稳健又不改趋势，才是关键。

市场在想什么？诚然，股市只是资本市场、金融市场的一个部分，只是整个资本流动冲击的渠道之一。但是股市是市场的重要组成部分，体现在，它的兴衰成败与整体的宏观经济一脉相承，也和总体的政策、监管、治理能力相互映照。

过去我们的改革概念，相对而言更为直接。目标宏大，细节不论。但经济发展到了这个时期，目标细化不足会使任何宏大愿景在摇摆中消耗。

比如借一些先行先试作为资本市场对外开放的特殊机制，无非是想逐步形成资本市场双向开放的局面。所谓先行先试，就是能够遵循现有规则和法律，又不需要改变双方投资交易习惯，实现交易市场的联通融合。但当下我们恐怕是很难选择出一个真正的将我们所有旧偏好都满足，将我们所有旧习惯都包容，将我们所有新旧目标都达成的暂时性机制。

到了今天，建立诸如深港通这样的方案，除了能让投资者有更多选择余地，让融资方有更多机会，是不是还应该往更深处去寻找政策目标？"通"是在什么意义上的通？钱通了，人通吗？法规通吗？可能在布局上要有更深层次的递进安排：一方面解决钱通，市场不通造成的种种违法追责和投资者保护问题；另一方面解决真正能将政策变成推动整体一步步发展的扎实基础的问题。

到了今天，想通过一个"深港通"就实现市场的突破，已不大可能。相反，需要市场的突破来给予"深港通"实质和内容，这些实质和内容再反哺市场，使市场更为成熟。这才是良性循环。

世易时移，定位已异，口味已异。画一个圈就能丰收，到底是因为这原是一块空地。如今阡陌纵横，良莠不齐，才考验耕种者的智慧，不痛下决心砍掉一些，不勇往直前破除一些，不坚定不移建立一些，不精心竭虑布置一些，必不能得到良好收成。

随着国家经济的发展和市场改革的深入，我们越来越认识到，一个好的战略更需要好的战术，一项成功的政策需要有前瞻的概念，更需要可支撑其执行的细则方案。不仅如此，我们还应该意识到，一项好的战略本身就是国家整体经济社会发展的战术。其目标应当更加明确，能够为此时此刻的发展带来什么帮助，为此时此刻的困难带来何种突破。而这个战略为了国家的什么最终目的服务？是怎么一步一步帮助这个目的推进的?

　　深港通有多重要?取决于它与其他项目的改革如何相辅相成。市场是个系统,深港通不过是一小部分,但只有它们相互促进提升,才能都得到最满意的结果。

　　深港通一直在提,现在终于成行,值得祝贺。总的来说当然是好事,也是中国金融市场逐步市场化、国际化的成果。深圳作为我国经济特区,曾经突破了许多时代桎梏,为国家经济和政策改革都做出了巨大贡献。希望这一次深港通也能够再接再厉,砥砺前行。

金融方略是中国未来大国战略的关键手段

国家发改委国际合作中心首席经济学家
中国黄金集团公司首席经济学家　　　万　喆

当今世界，金融系统是大国运筹的协调枢纽，金融方略是大国战略的关键手段，金融是一种战略权力，渗透于现代社会的各个方面，在经济关系和国际关系中起决定性作用。因此，除了沪港通、深港通等金融领域的互联互通之外，中国绿色金融起步虽晚，但发展绿色金融已刻不容缓。建立上合开发银行，则是总体国家安全观的体现。随中国经济结构、金融市场开放程度、人民币国际地位等已经或正在发生深刻变化，对外汇储备规模的把握也有必要着眼实际重新考量。要稳健推进人民币汇率市场化和人民币国际化，需要国际金融中心建立、国际金融市场建设、国际商品定价等多重线程的共同推进，黄金定价权的建立和掌握是其中非常重要的一步。

绿色金融刻不容缓

经过 30 年的高速发展，中国已进入经济结构调整和发展方式转变的关键时期。随着自身体量、国际地位的变化和可持续发展前景的需求，一方面，中国意识到生态文明和环境保护对于经济发展的重要作用；另一方面，中国深切感受到作为负责任的大国，应当担起更多的环境保护、节能减排责任。

当前，环境污染、资源耗竭、生态失衡等环境问题已经上升为全球性经济、政治问题，关乎社会发展和人类生存。18 世纪的产业革命以来，人类的工业文明达到前所未有的高度，但传统工业多是以资源过度消耗为代价的，而传统的市场经济单纯追求经济收益最大化，忽视社会效益和可持续发展，因此，生态环境日益恶化。21 世纪，人类已面临因环境污染、资源紧缺所造成的生存危机，各国政府开始积极倡导绿色经济，重视低能耗、低污染、高效益。

但绿色经济往往投入大、周期长、技术含量高，除了传统的政府补贴和税收优惠等支持方式之外，必须整合和加强金融在其间的作用，让金融成为生态环境保护的资金支持者，使金融机构也向着与社会环境相协调的方向过渡。因此，当前，绿色金融已成为国际组织、政府、企业普遍关注的焦点。在传统经济转型的过程中，也迫切要求传统金融向绿色金融转型和发展。

生于斯但困于斯

为缓解环境问题，实现人类的可持续发展，国际组织、政府部门和学术机构都在探索着各种路径。在此背景下，绿色金融概念于 1991 年首次提出。1992 年，联合国环境与发展大会通过了《里约环境与发展宣言》和《21 世纪议程》，在签署《联合国气候变化框架公约》

和《生物多样化公约》后，环保和减排成为了关注焦点，绿色金融得以推广。

1997 年，《京都议定书》的签订，进一步推动了绿色金融的研究和发展。2000 年，《美国传统词典（第四版）》提出了环境金融的概念，将绿色金融定义为环境经济的一部分，研究如何使用多样化的金融工具来保护环境，保护生物多样性。2003 年 6 月，"赤道原则"把对绿色金融的实践上升到了新高度。赤道原则即商业银行以自愿为原则、在项目融资上全面考虑环境因素和社会问题的国际金融行业基准。此原则为项目融资中生态环境和社会风险评估提供了框架，意味着银行在经营中将企业社会责任提升到公司治理的战略层面。至此，绿色金融制度开始在世界范围内推广开来。2008 年国际金融危机后，全球各国都着力于加快转变经济增长方式，低碳经济因低能耗、低污染、高利用率、高效率成为新经济增长点，备受关注。

然而，发端于发达国家的"绿色金融"在一段时期的被高度关注和快速发展后遇到了瓶颈。以美国为首的一些发达国家拒绝履行自己的节能减排义务，国际合作陷入了僵局。

中国的政策推动：起步虽晚 但决心很强

相对而言，我国绿色金融实践起步较国外晚后，但在逐步探索的过程中，政策推动决心和意志非常强。

1995 年，中国人民银行发布《关于贯彻信贷政策与加强环境保护工作有关问题的通知》，绿色金融开始萌芽。2007 年，国家环保总局、中国人民银行总行和银监会联合发布了《关于落实环保政策法规防范信贷风险的意见》，可算是绿色金融在我国的开端。2008 年，国家环保部会同金融监管部门相继出台了"绿色保险、绿色证券、绿色信贷"等新政，绿色金融政策正式启动。2011 年，"绿色信贷"评估研究项目启动，并计划建立"中国绿色信贷数据中心"，为商业银行践行绿色信贷、管理和评估风险提供权威的信息支持。2015 年，中共中央国务院印发《生态文明体制改革总体方案》，首次明确了建立中国绿色金融体系的顶层设计。2016 年，全国两会通过《"十三五"规划纲要》，明确提出要建立现代金融体系，支持绿色金融发展。

当前，中国的绿色信贷已经发展到了发布行业能效指引的阶段，在世界上属于领先水平。

2012 年，银监会发布《绿色信贷指引》，对银行业操作绿色信贷的流程进行规范；2013 年，银监会推进绿色信贷统计制度；2014 年，银监会发布《绿色信贷实施情况关键评价指标》，用超过 100 个指标对组织管理、能力建设、流程管理、内控管理、信息披露等方面进行了规范。

中国的实践推动：各方协力 发展迅速

在国家和各界的大力支持和推广下，绿色金融在中国发展迅速。中国是全球第三个建立了"绿色信贷指标体系"的国家之一，是第一个由政府支持的机构发布本国绿色债券界定标准的国家。"绿色金融"越来越受到国内众多金融机构，尤其是银行的认同。

在当前我国新旧产业和发展动能转换的关键期，银行业金融机构着重将信贷业务向绿色产业倾斜，助推传统产业绿色转型。

在银行的主导下，我国的绿色信贷项目从 2007 年的 2 700 个，增加到 2013 年的 1.4 万个；绿色信贷的贷款余额也从 2007 年的 3 400 亿元上升到 2013 年的 1.6 万亿元。2014 年，银行业机构绿色信贷余额为 7.59 万亿元，其中，21 家主要银行绿色信贷余额较年初增长 15.67%，达 6.01 万亿元。据测算，贷款所支持的项目预计年节约标准煤 1.67 亿吨，节水 9.34 亿吨，减排二氧化碳当量 4 亿吨。2015 年，银行业金融机构绿色信贷余额为 8.08 万亿元，其中 21 家主要银行业金融机构余额为 7.01 万亿元，较年初增长 16.42%。贷款所支持项目预计可节约标准煤 2.21 亿吨，节约水 7.56 亿吨，减排二氧化碳当量 5.5 亿吨。

此外，中国已成为全球最大的绿色债券市场。2016 年上半年国内绿色债券发行量独占鳌头，占到全球的 1/3；离岸绿色债券发行量名列全球第三。

2017 年一旦统一碳市场建成，预计规模为全球最大。经过国内七大区域碳市场的试点，预计将在 2017 年启动全国统一碳市场，届时将赶超 EU-ETS，成为全球最大碳市场，目前相关准备工作正在加紧推进。

中国的国际推动：与国际社会合作共赢

不仅如此，中国始终不忘记大国责任和共同发展的理念，将与国际社会合作共赢作为了最终目标。在 2009 年的哥本哈根会议上，中国政府承诺 2020 年单位 GDP 二氧化碳排放比 2005 年下降 40% ~ 45%。与此同时，中国不断探索着多边合作机制，力主搁置争议，直面挑战，共同发展，推动全球绿色经济和金融的进步。

中美两个全球最大的排放主体通过高层战略对话的方式，2014年11月于北京、2015年9月和2016年3月于华盛顿连续发布了三次《中美元首气候变化联合声明》，2015年9月于洛杉矶、2016年6月于北京两次发表《中美气候领导宣言》，强调对环境与气候问题的关注。2016年6月，欧盟与中国达成了一项1 000万欧元的合作项目，旨在加强欧盟与中国在碳排放交易方面的合作。2016年7月，金砖国家新开发银行在中国境内发行了绿色金融债券，这是多边开发银行首次获准在中国银行间债券市场发行人民币绿色金融债券。

在中国的倡议和推动下，2015年12月通过的《巴黎协议》为全球气候行动开启了新的征程。2016年上半年，《巴黎协议》开放签署，获得热烈响应。截至2016年6月底，已有179个缔约方完成签署，并有19个缔约方递交了国内批准文件。

在中国杭州举行的2016年G20会议首次将绿色金融和气候合作列为重点议题，并成立"绿色金融工作组"，研究建立绿色金融体系、推动全球经济绿色转型、加强绿色金融的国际合作等问题。

无论是金融、绿色，或绿色金融方面事务，中国都起步较晚，但后来居上。在中国的推动下，全球对绿色金融与低碳经济都表现出空前的热情和共识，并实践于国际合作与国内行动。各国都在积极建立绿色金融体系，同时借助金融市场的力量优化资金和资源配置，助力转型升级和结构性改革，从而获得发展的新动力和可持续性。

当然，这只是一小步。绿色金融的外部性问题如何解决仍然需要探索、尝试和突破。绿色金融标准、法律等问题仍需深入探讨。而发达国家的工业化早期问题已经基本解决，其"绿色"标准与发展中国家有不小差别，因此，合作中的分歧仍然需要磨合。

但这已经是一个相当好的开始。中国有句老话，"达则兼济天下"，事实上，中国人相信的是，天下济则身善事达，我们是一个命运共同体，需要更宽广的胸襟，来实现更美好的未来。

建立上合组织开发银行是总体国家安全观的体现

上海合作组织是在新的国际环境中成长起来的具有多边主义性质的区域性国际组织，经过多年酝酿，上合组织开发银行已经有了进入实质阶段的基础。已召开的上合组织总理会，继续推进上合组织开发银行构建的相关事宜的谈判和协商。

为什么要成立上合组织开发银行？上合组织框架内的地区合作是亚洲，特别是中亚地区区域一体化进程的一个重要组成部分。其初衷是将重点放在区域安全形势和加强反恐协作。许多人眼中，上合组织开发银行更有关国家安全，与金融机构关系相差甚远。

事实并非如此，当前中国的安全观在继续以维护国家领土主权完整等传统安全问题为核心的同时，已经把视野扩展到金融安全、经济安全、信息安全、能源安全、粮食安全、公共卫生安全及反恐怖主义等方面，逐步形成了总体安全观。而这些都与金融息息相关。当今世界，金融系统是大国运筹的协调枢纽，金融方略是大国战略的关键手段，金融是一种战略权力，渗透于现代社会的各个方面，在经济关系和国际关系中起决定性作用。

上合组织开发银行有利于维护地区经济安全。近年来，发达国家与发展中国家之间的意见分歧日益加剧，全球化的步伐虽然在不断加快，国际多边谈判却往往难以取得进展，落后地区所需基础设施建设等对人民大众有实质性意义的项目基本未能获得有效帮助。总体而言，发展中国家的经济境遇和政治地位都并没有得到改善。随着中国的和平崛起，国家综合实力不断增强，中国越来越意识到自身发展的经验实际上可为广大发展中国家提供极大的借鉴，因此，进行区域政治经济合作将成为改善发展中国家人民生活条件和提升发展中国家经济水平真正有效且高效的方式。上合组织所覆盖地域主要为中亚等亚洲地区国家，其由于历史、地理、政治等原因，多数国家的经济水平不高，而且经济治理能力极其不足。这不但导致了一些国家的经济问题，还造成了不少国家和地区的社会动乱。建立上合组织开发银行将为成员国提供基础设施建设的宝贵经验和投融资机会。这些经验和机会有助于中国及周边上合组织成员国家加强经济治理能力，获得更大的市场活力，稳定社会经济形势，从而为加固经济安全奠定基础。

上合组织开发银行有利于维护地区公共安全。当前，全球反恐形势日益严峻，恐怖组织活动呈现国际化、碎片化、分散化的新趋势。IS异军突起，其主要策略是进行全球招募，而后将受训人员送向全球各地。而中亚地区正是受其人员回流影响最大的区域。我国西部一小部分地区的少部分人，也受国际泛伊斯兰主义和泛突厥主义影响，形成了宗教极端思想，主张民族分裂，严重影响了国家和地区的公共安全。上合组织所覆盖框架内地区成员国经过合作，特别是在中国和俄罗斯两个主导国的倡议和引导下，已经在诸如地区反恐机制、地区禁毒机制、地区交通网络系统等方面加强了合作，但仍需进一步深化合作。成立上合组织开发银行，一方面可为反恐设备、武装、人员的培训、提供优先融资，保证实际反恐行动的高质量完成。另一方面，众所周知，资金是恐怖主义的生命线，从资金流向上对恐怖主义活动和人员予以掌控、追踪和围剿，是现代反恐的高效手段之一。上合组织开发银行作为地区金融联合机构，可以加强国家间的金融合作，高效实施区域金融反恐。

上合组织开发银行有利于维护地区金融安全。当前，发达国家均面临发展瓶颈，在 2008 年金融危机后，美国就一度面临衰退危机。但由于其运用国际金融的主导地位和货币霸权，实质将其经济金融危机转嫁给了其他国家，尤其是发展中国家。时至今日，发展中国家已经深受全球商品市场、货币汇率波动等影响，以至于许多国家已经几度或几乎又再面临危机，金融安全岌岌可危。从 1998 年东南亚金融危机经验看来，依靠国际所谓"经验"进行纯粹技术性参数的调整跟随和指望世界银行、IMF 等国际金融组织机构，很难真正解决新兴国家的金融安全问题。因此，设立区域合作金融机构，因其利益共生性更强，文化共识性更优，更有可能达成互助共识，更有可能拿出有实质意义的解决方案，更能保护地区金融安全。

上合组织开发银行有利于维护地区政治安全。一直以来，美国高举"民主改造"大旗不断在中亚地区策动"颜色革命"，其利用金融手段制造动乱甚至颠覆政权的手法日趋成熟。克里米亚问题引发了西方与俄罗斯"冷战"延续，中亚暴力化和极端化相交织的暴恐事件，背后有美国金融之手的支撑。美俄此轮地缘战略的角力，从一定程度上已转为经济和金融实力的较量。事实再次证明，政治安全的新趋势是，军事冲突只是迫不得已的选择，而金融成了大国之间较量乃至颠覆的主战场。因此，建立上合组织开发银行，有助于金融力量的联合，也有助于地区政治的稳定和长治久安。

金融成为大国角力的优先选项和新战场。金融是资源配置的核心，即通过金融资本的流动带动和影响人流、物流，从而能够在前所未有的广阔的时空领域上，通过空前复杂的内外部因素，既影响外部安全，又影响内部安全；既影响国土安全，又影响国民安全；既影响传统安全，又影响非传统安全。建立上合组织开发银行是国家总体安全观的体现。

对外汇储备规模进行更为充分的评估

当前，我国经济结构、金融市场开放程度、人民币国际地位等已经或正在发生深刻变化，对外汇储备规模的把握也有必要着眼实际重新考量。汇率与外汇储备在金融改革中的新动向，应引起监管方的高度重视和深刻思考；应在加强汇率预期管理和资本市场风险应对能力的基础上，审慎稳健推进人民币汇率市场化和人民币国际化。

近年来，我国人民币国际化进程不断加快，特别是我国央行主动放弃对人民币汇率中间价管理的举措，被认为是人民币在国际化道路上迈出的重要一步。

根据国际货币基金组织实行汇率管理国家的适度规模测量标准，2015 年，我国外汇储备处于 2.5 万亿至 3.7 万亿美元的合理区间。然而，这一模型的适用对象基本上是经济基础较为薄弱、外债高企、资本市场完全开放的国家，与我国的现实经济情况并不匹配。因此，不妨在其他政策的配合下，对外汇储备规模进行更为充分的评估。

首先，汇率与外汇储备在金融改革中的新动向，应引起监管方的高度重视和深刻思考。无论汇率还是外储的管理思路，都应变得更为灵活机动，要想达到目标也应多管齐下，顺势而为，既要采取适当的政策措施做好风险防范，也要改善并加强政策工具间的协同效应。

从外汇储备管理角度看，需要平衡风险抵御和持有效率的关系，短中期目标定位不低于 2 万亿美元。对超过最优规模的外汇储备部分，应通过结构调整实现藏汇于民。从市场预期管理角度看，一方面，要规范国际资本流动管理，持续打击热钱和恶意套利；另一方面，必须做好人民币汇率波动的市场沟通，提高汇率决策制定的透明度和可信度。从汇率制度管理角度看，汇率制度的灵活性赋予了央行更大的操作空间，因此可逐步增强汇率弹性，通过运用货币互换、进一步推进人民币国际化等措施，承担外汇储备的调节性和交易性功能。

其次，人民币国际化可以更加策略化。比如，在"一带一路"建设过程中，向有需要的国家提供人民币贷款，投放于我国有相对优势的产业领域，这样可促进国内企业"走出去"，平衡我国与"一带一路"沿线国家的国际收支顺差，在不造成人民币大幅贬值的前提下推动人民币国际化。

从创汇来源角度看，仍然应当促进外汇储备稳健发展，同时增加创汇的含金量和可持续性。人民币国际化也应优先加强国际支付职能，服务壮大实体经济。同时，鉴于当前地方频频出现的出口高报趋势，还要加强监管，挤走创汇水分。从金融改革角度看，当前国际经济形势不佳，金融市场波动频繁，应在加强汇率预期管理和资本市场风险应对能力的基础上，审慎稳健推进人民币汇率市场化和人民币国际化，防止大规模短期资本过于频繁地跨境流动给我国经济发展、货币政策和外汇储备带来较大冲击。

应当看到，人民币贬值预期及其连续贬值导致外汇储备大幅下降，是新情况也是正常情况，是偶然也是必然。有观点认为，人民币贬值对出口利好，可以对外汇储备起促进作用。然而，这一假设忽略了当前形势下人民币贬值对金融账户及金融账户对外储的影响。

经济发展不是单极事务，它带来的是市场、社会结构的整体发展变化。这客观上要求我们在国家发展和市场改革中不断创新思路，更需抓住改革时机，完善结构性调整，加大治理能力建设，获取经济健康、可持续发展的新动力。

"上海金"只是一小步

要稳健推进人民币汇率市场化和人民币国际化，需要国际金融中心建立、国际金融市场建设、国际商品定价等多重线程的共同推进，黄金定价权的建立和掌握是其中非常重要的一步。黄金定价权的掌握也有赖于人民币国际化的不断深入。随着以人民币计价的黄金价格成为国际标准，人民币和黄金以及未来的各种大宗商品都将在国际金融体系中占据越来越重要的分量。

"上海金"集中定价合约现已正式挂牌交易。自此，中国有了自己明确主导的黄金定价机制。"上海金"并非一蹴而就，它以中国经济长期高速发展为支撑，以中国国家与居民财富不断累积为基础，以中国国家力量在国际舞台上持续增强为支点，以及由此产生的，对于既有国际货币体系中话语权的重视和进一步争取。

大宗商品金融定价权是目前世界经济秩序中国家实力的重要体现。目前市场的游戏规则是谁的金融定价能力（金融衍生品市场的发达程度）最强，谁就能牢牢控制住定价权。因此，黄金定价从"伦敦金"到"纽约金"再到昨天"上海金"的"异军突起"，不可能也不会是单项商品交易能力的体现，而是背后的国家力量在历史中产生重叠或调整的结果。

"上海金"并非一枝独秀，它不但体现了中国对于黄金定价权的争取，更体现着背后对于国际市场中大宗及各种商品的定价权的需求。中国作为最大的黄金生产国、消费国、实物金场内交易国多年，却没有黄金定价权，而随着国家经济体量的不断上升，其他大宗商品也开始出现类似状况。其中带来的金融市场风险和损失难以计量，甚至会带来市场动荡、经济不确定性等可能引发系统性风险的国家安全隐患。因此，建立相应的多层次金融市场体系，提升金融产品定价权至关重要。"上海金"只是其中一小步。

"上海金"亦非"一力承担"。它与人民币国际化存在着相辅相成的关系，一方面，人民币国际化需要国际金融中心建立、国际金融市场建设、国际商品定价等多重线程的共同推进，黄金定价权的建立和掌握是其中非常重要的一步。另一方面，黄金定价权的掌握也有赖于人民币国际化的不断深入。随着以人民币计价的黄金价格成为国际标准，人民币和黄金以及未来的各种大宗商品都将在国际金融体系中占据越来越重要的分量。因此，"上海金"将有利于推动以人民币为定价计价货币的定价权，加强人民币未来作为国际主要储备货币的议价能力。

"上海金"是一马当先。以"上海金"为代表的定价交易体系，有利于中国增强在相关商品市场当中的存在基础，将购买力转变为话语权，扭转我国在世界价值分配体系中的不利地位，推动人民币国际化进程，提升我国经济竞争力及国际影响力。当然，这只是第一步，如何将市场交易的广度和深度坐实，使"上海金"名副其实，发挥应有的带动作用，才是未来的关键。

中国当前应推动亚洲区域金融合作

中国社会科学院世界经济与政治研究所国际投资研究室主任

财政部国际经济关系司高级顾问　　　　　　　　张明

1997 年至 1998 年东南亚金融危机的爆发驱动了第一轮的亚洲区域金融合作，清迈倡议应运而生。清迈倡议的核心是东盟十国与中、日、韩之间签署的双边货币互换。这些双边货币互换的累积金额一度达到 800 亿美元，但从未被使用过，部分原因是因为 90% 的额度动用要与 IMF 的贷款条件性挂钩。

2008 年爆发的全球金融危机驱动了第二轮的亚洲区域金融合作，清迈倡议多边化取得重大进展。首先，作为多边化的成果，东亚国家建立了总额 1 200 亿美元的外汇储备库（在 2014 年扩大至 2 400 亿美元），这实质上将双边货币互换扩展到多边，显著扩大了一国爆发危机后可能获得的潜在援助规模。其次，与 IMF 的贷款条件性挂钩比例由 90% 下调至 80%（后来又下调至 70%），这增强了一国爆发危机后获得援助的可预期性与及时性。最后，东亚地区创建了自己的宏观经济监测机构——亚洲宏观经济研究办公室（AMRO）。然而，遗憾的是，扩展后的清迈倡议迄今为止依然没有被动用过。例如，韩国在2009年遭遇资本外流冲击时，选择了向美联储申请援助，而没有寻求启动清迈倡议。

之所以亚洲区域金融合作进展缓慢，一个重要的原因是，虽然东亚国家在经济周期、贸易与投资方面的协同性日益增强，然而在数量较多、经济发展程度相差较大、利益考量分歧较大的国家之间要形成集体行动，面临着很多困难。此外，在中国与日本两个地区性大国之间，也存在着区域金融合作的主导权之争。这从 AMRO 第一任主任居然由中国人与日本人分别担任一半时间的安排中，就可以窥见一斑。因此，亚洲区域金融合作具有很强的危机驱动特征，也即一旦危机来袭，则合作向前推动一步，而一旦危机缓和，则合作通常会停滞不前。

从2009年起，中国政府开始大力推动人民币国际化，尤其是跨境贸易投资的人民币结算以及离岸人民币金融市场的发展。这被市场解读为中国政府对推动亚洲区域金融合作意兴阑珊，转而致力于推动本币国际化。此后，人民币国际化进程充分地吸引了区域乃至全球的眼球，而亚洲区域金融合作再度停滞不前。

笔者认为，当前可能是推动亚洲区域金融合作的新的机遇期。主要理由如下：

第一，当前全球经济增长疲弱（长期性停滞的阴影越来越浓厚），金融风险日益凸显。尽管东亚经济体当前的基本面在全球新兴市场国家中是较好的，但还是会周期性地受到美国货币政策不确定性的冲击。例如，一旦美联储加息超过市场预期，则东亚国家通常会面临资本外流与本币贬值压力。这就导致东亚经济体普遍通过经常账户顺差来积累大量外汇储备，以此来增强本国抵御金融危机的能力。然而，如果外汇储备的规模超过适度水平，则积累外汇储备的成本将超过收益。如果能够通过增强区域金融合作来减少各国积累外汇储备的必要性，这会提高整个亚洲区域的福利水平。

第二，中国经济在亚洲区域中的重要性已经显著上升，以至于中国经济对亚洲各国经济的溢出效应也相应加大。为了应对这种溢出效应，亚洲很多国家在汇率制定过程中已经越来越多地参考人民币汇率变动。目前已经有很多经验研究指出，人民币在亚洲各国汇率货币篮中的比重已经显著上升，在个别国家甚至已经高于美元的比重。人民币地位的上升，既与中国经济的总量大与增长快有关，也与中国在亚洲国际生产网络中的枢纽位置有关。在这一背景下，推进以中国为主导的亚洲区域金融合作，符合有关各国的利益。

第三，按照过去路径推动的人民币国际化已经进入一个瓶颈期，急需新的思路来重新推动。

自中国央行从 2009 年下半年起积极推动人民币国际化以来，人民币国际化进程大致可以分为两个阶段：在 2010 年至 2015 年上半年期间，人民币国际化取得了快速的发展；而从 2015 年下半年起至今，人民币国际化的速度显著放缓，部分指标甚至出现了逆转。

中国央行主要是沿着两条路径来推进人民币国际化的。一是推进人民币在跨境贸易投资中的结算；二是促进离岸人民币金融市场的发展。为了帮助其他国家获得额外的人民币以满足市场需求，中国央行与越来越多的央行签署了双边本币互换。

2010 年第一季度至 2015 年第三季度，跨境贸易人民币结算规模由 184 亿元上升至 2.09 万亿元，增长了 113 倍。同期内跨境贸易人

民币结算规模与跨境贸易总额之比则由 0. 4% 上升至 32. 5%。2012 年
1 月至 2015 年 9 月，中国对外直接投资的人民币结算规模由 2 亿元上
升至 208 亿元，而外商来华直接投资的人民币结算规模则由 14 亿元
上升至 351 亿元。由于人民币在跨境贸易与投资领域的结算取得了巨
大进展，人民币作为国际结算货币的地位水涨船高。人民币结算占全
球结算的份额由 2011 年 12 月的 0. 3% 上升至 2015 年 8 月的 2. 8%，
而人民币在全球结算货币中的排名则由 2010 年 10 月的第 35 名攀升
至 2015 年 8 月的第 4 名。2010 年 1 月至 2014 年 12 月，中国香港人
民币存款规模由 640 亿元上升至 1 万亿元，而同期中国香港人民币存
款规模占中国香港总存款规模之比则由 1. 0% 上升至 10. 0%。中国台
湾的人民币存款规模由 2012 年 1 月的 66 亿元上升至 2015 年 6 月的
3 382 亿元，而新加坡的人民币存款规模则由 2012 年 6 月的 600 亿元
上升至 2015 年 6 月的 2 340 亿元。2009 年至 2016 年 6 月底，中国央
行已经与 35 个国家或地区的央行签署了金额总计 3. 12 万亿人民币的
双边本币互换。

　　不过，从 2015 年下半年起，上述指标大多发生了逆转。2015 年
第三季度至 2016 年第二季度，跨境贸易人民币结算规模由 2. 09 万亿
人民币下降至 1. 32 万亿人民币，同期内人民币结算规模与跨境贸易
总额之比则由 32. 5% 下降至 22. 0%。2015 年 9 月至 2016 年 6 月，中
国对外直接投资的人民币结算规模由 208 亿元下降至 116 亿元，而外
商来华直接投资的人民币结算规模则由 351 亿元下降至 143 亿元。
2015 年 8 月至 2016 年 6 月，人民币结算的全球占比从 2. 8% 下降至
1. 7%，而人民币在全球结算货币中的排名则从第 4 位下降至第 6 位。
香港人民币存款规模由 2014 年 12 月的 1 万亿元下降至 2016 年 6 月的

7 115 亿元。中国台湾、新加坡的人民币存款规模则分别由 2015 年 6 月的 3 382 亿元与 2 340 亿元下降至 2016 年 3 月的 3 132 亿元与 1 640 亿元。

那么，为什么人民币国际化的进展从 2015 年下半年开始显著放缓了呢？

原因之一在于，人民币兑美元升值预期转变为贬值预期，且贬值预期在"8·11"汇改后明显深化。事实上，从 2014 年第二季度起，人民币兑美元的每日中间价开始变得持续高于收盘价，这意味着市场上开始产生人民币兑美元贬值预期。但由于市场相信中国央行将会维持汇率稳定，上述贬值预期并不强烈。然而，2015 年的"8·11"汇改中，中国央行主动放弃了对人民币汇率中间价的干预，这不仅导致人民币兑美元汇率由最高点的 6.1 左右贬值至 6.7 左右，而且进一步加深了人民币贬值预期。

众所周知，在过去普遍存在的人民币升值预期下，发生了大量的人民币跨境投机套利活动。主要的跨境投机套利方式有两种，即跨境套汇与跨境套利。所谓跨境套汇，是指如果存在持续的人民币兑美元升值预期，那么香港市场上的人民币价格要比内地的人民币价格更贵，因此可以通过将内地的人民币输送到香港市场来获利。这种套汇通常会通过跨境人民币贸易结算的方式来进行。因此，大规模的套汇不仅会导致香港市场上人民币存量上升，而且会导致跨境贸易的人民币结算规模上升。然而从 2015 年"8·11"汇改之后，伴随人民币兑美元升值预期的逆转，香港市场上的人民币价格将变得比内地更加便宜，因此，输入人民币的套汇模式将会发生逆转，这会导致香港市场上人民币存量的显著下降。

原因之二在于，内外利差的缩小与人民币兑美元的贬值，降低了跨境套利的吸引力。在过去，由于内地的人民币利率显著高于香港的人民币利率，跨境套利大行其道。所谓跨境套利，是指内地企业设法从香港银行借入人民币贷款，将其输送回内地市场，从而赚取不菲的利差。在人民币兑美元贬值预期下，如果从香港银行借入美元，再转换为人民币后输送回内地套利，则能获得利差与升值的双重收益。这种跨境套利的资金移动，依然会借助跨境贸易的人民币结算方式进行伪装。因此，跨境套利的结果，是内地企业获得更多的香港银行的贷款，以及跨境贸易人民币结算规模的上升。然而，自 2014 年下半年起，随着中国经济潜在增速的下行，中国央行多次下调利率与准备金率，这造成内外利差显著收缩。再考虑到"8·11"之后人民币兑美元贬值预期的加深，因此，跨境套利活动从 2015 年下半年起显著收缩，甚至发生逆转。这既会导致香港银行对内地企业的贷款余额显著下降，也会导致跨境贸易人民币结算规模的下降。

原因之三在于，随着中国经济潜在增速的下滑以及金融风险的显性化，持有人民币资产的收益率显著下降，潜在风险显著上升，这将降低境外投资者持有人民币资产的意愿，进而造成人民币国际化进程的放缓。考虑到这一点，即使 2016 年 10 月人民币正式加入 SDR 货币篮，我们也不要对短期内国际机构投资者配置人民币资产的需求做出过高估计。毕竟，资本流动总是顺周期的。

总之，2015 年下半年以来人民币国际化进程的放缓，主要是由于跨境套利活动的萎缩所致。这事实上是一种挤出泡沫的过程。换言之，我们不必过分担心人民币国际化的放缓，未来的人民币国际化进程虽然可能更慢一些，但很可能更多地由真实需求来驱动，因此其可持续性有望显著增强。

对此，笔者认为，未来中国政府推动人民币国际化的重点应该放在中国周边，应该将推动亚洲区域金融合作与推动人民币国际化二者结合起来，通过实现人民币的周边化来最终推动人民币国际化。个中原因在于，一方面中国与亚洲国家之间存在密切的真实贸易往来，另一方面，中国对亚洲国家存在总体上的贸易逆差，这就有助于重点推动具有真实贸易需求支撑的人民币国际化。

原因之四，推动亚洲区域金融合作有望缓解目前亚洲国家在外交方面面临的紧张局势，形成防御地缘政治冲突升级的缓冲垫。近期以来，在朝核、东海、南海等问题上，亚洲各国的对立情绪明显上升，甚至有擦枪走火的风险。为了避免地缘政治冲突的加剧，推动亚洲经济的和平发展，亚洲国家有必要继续加强在区域层面的金融合作，以此来强化彼此的共同利益，避免对立性情绪的升级。

原因之五，对中国自身的国家利益而言，经略东盟意义重大。从世界经济的发展历史来看，每一个大国经济崛起的背后，都有一批邻国的支撑。例如美国经济背后有整个美洲大陆国家的支撑，欧元区经济背后有中东欧、北非国家的支撑。而中国经济的崛起，离不开周边国家的支撑。当然，这种支撑并非单向的资源输送，而是"亲、诚、惠、容"式的共赢发展。

当美国政府正在通过跨太平洋伙伴关系协定（TPP）、跨大西洋贸易与投资伙伴协议（TTIP）与国际服务贸易协定（TISA）重塑全球经贸投资规则之时，通过区域全面经济伙伴关系（RCEP）与"一带一路"来向南、向西拓展就成为中国政府的必然选择。与丝绸之路经济带相比，海上丝绸之路的国家在经济发展水平、制度质量方面与中国更加接近，潜在合作空间也更加广阔。

因此，未来推动亚洲经济金融一体化，应该成为中国政府的重要战略。如果说 RCEP 构成了亚洲版本的世贸组织，亚洲基础设施投资银行（AIIB）构成了亚洲版本的世界银行的话，那么基于清迈倡议多边化的区域金融合作机制就有望成为亚洲版本的 IMF。一旦这些亚洲区域的经贸金融合作机制能够扮演更为重要的角色，亚洲区域一体化就有望继续前行，而中国与其他国家也都将从中获益。

香港作为"一带一路"的超级联系人还须自我增值

深圳前海管理局香港事务首席联络官
深圳市政协委员
洪为民

2015 年 3 月，国家发展和改革委员会发布《推动共建丝绸之路经济带和 21 世纪海上丝绸之路的愿景与行动》方案（以下简称《愿景与行动》）。"一带一路"由 5 条主要线路组成，沿线覆盖超过 60 个国家，占了全球约四成的土地面积、超过六成的人口及三成国家生产总值，也蕴含全球四分之三的能源储备，其丰富的天然资源形成了庞大的市场。对我国来说，正好为过剩的产能寻求新出路，也同时助中国企业走出去。

香港在"一带一路"中可以扮演什么角色呢？《愿景与行动》方案指出：利用长三角、珠三角、海峡西岸、环渤海等经济区开放程度高、经济实力强、辐射带动作用大的优势，充分发挥深圳前海、广州南沙、珠海横琴、福建平潭等开放合作区的作用，深化与港澳台的合作，打造粤港澳大湾区。因此，深圳前海与香港都是"一带一路"

战略支点之一，深港可以紧密合作，一同推动区域经济发展。

讲到香港在"一带一路"中的定位，坊间最多的讲法是超级联系人和融资中心。笔者对此并不反对。但是香港若单单依靠讯息不对称而成为超级联系人，在互联网年代能够寻到的价值不会很高。我们若仅做融资中心，不但有不少竞争对手，而且达不到为"一带一路"做战略支点的要求。

故此，我们应该多想一步，多行一步，寻找独特的增值点。笔者认为，香港应该成为"一带一路"的三个中心，包括融资及共同投资中心、专业服务中心及信息及数据中心，而政府和业界都需要为这个目标而努力。

融资及共同投资中心

改革开放以来，香港长期都是内地最大的资金来源地，不论是早期的直接投资，还是从青岛啤酒（00168）开始的 H 股上市潮，以及到后来的沪港通和人民币发债，香港都扮演着不可替代的角色。但是随着中国进一步走出去，愈来愈多的国家和城市对离岸人民币业务垂涎三尺，而在内地，政府和民间的资金也愈积愈多；香港虽然还是内地最大的直接投资者，但份额愈来愈小。

笔者做了一个不完全统计，亚投行法定资本为 1 000 亿美元，丝路基金为 400 亿美元，再加上国开行和进出口银行，以及大大小小的与丝路相关的基金，今天的中国，虽然不能说是财大气粗，但和改革开放初期已不可同日而语了。然而，作为国际金融中心，香港仍然有独特的优势。一方面，香港信息流通，法规健全，资金又可以自由进出。

另一方面，因为"一带一路"的总投资额是一个天文数字，中国要推动"一带一路"建设，不能只靠中国自己的资金，或单单依靠亚投行和丝路基金，而是应该吸引"一带一路"沿线国家投入资金，共同开发，共享回报。

香港是国际金融中心，很多国家都把资金放在香港，过去它们主要是投资香港金融和房地产市场，以及透过香港投资内地。现在我们可以吸引这些本来就在香港的外资，一起投资"一带一路"，这不仅可以吸引更多的资金，最重要的是还能与当地形成利益共同体。

专业服务中心

香港有良好的制度，香港在法律、会计、金融、工程等领域均设有严格的、与海外标准接轨的监管机制，通晓"两文三语"的人才融合中西文化，具备国际视野，受到中外机构的欢迎及信赖。国企和民企走出去，经常都需要做可行性和顾问报告，而商务咨询、协约、纠纷调解、投融资等都需要专业配套服务作保障。

香港的专业服务在这方面就可以大派用场。因此，香港应用心打造"一带一路"的专业服务中心品牌，助香港专才开辟区域市场，拓展发展空间。

香港拥有物美价廉的信息及通信基建，加上香港信息的自由流动、可靠的供电、一流的信息保安专才，香港的数据中心可以提供世界级优秀水平的服务，是做云端大数据运算的好地方。因此，香港是"一带一路"的信息及数据中心的理想之选。笔者认为，随着内地自由贸易区的发展，特区政府应牵头建立可交换的贸易数据标准及开放平台，让不同持份者一同参与，成为环球典范。

汇聚信息助分析数据

此外，另一种形式的信息中心更重要。我们可以借着信息自由流动、低税率及良好体制去吸引不同地区的智库（包括内地智库以及国际非政府组织智库）在香港设点，以香港作为信息收集、数据分析和交流的基地。这样一方面可以把"一带一路"的论述和理念，以一种国际社会可理解的语言讲出去；另一方面也可以吸收这些国际智库的建议，充实和提升"一带一路"的论述体系，共同打造新共识。

要做到这点，我们要有促进高端智慧人才来港的政策，特区政府应该开放"一带一路"人才来港工作签证，营造受人才喜欢的优质环境、时尚生活方式、文化氛围及做好子女教育等相关配套工作，从而吸引各地的高端智慧专才，为香港创造新的价值。

总的来说，三个中心将令香港这个超级联系人提供不仅仅是联系，而是其他有独特优势的高增值服务。但是，我们必须看到，要令香港能够成为"一带一路"的三个中心，单靠民间推动是不行的，更需要政府带领、推销和整合资源，以及政策的改变。我们若能够成功打造三个中心，将有助于香港在当前日益激烈的国际竞争中找到新的角色及定位。

扩大金融互联互通，
推动中美"一带一路" 合作

丝路智谷研究院院长兼首席经济学家　梁海明

媒体报道称，美国当选总统特朗普的国家安全顾问詹姆斯·伍尔西（James Woolsey），于 2016 年 11 月 10 日曾批评奥巴马政府反对组建亚投行是一个"战略错误"。他表示，希望特朗普对待中国的"一带一路"倡议将"更加热情"。

无独有偶，我曾于 2016 年 11 月 9 日在媒体公开撰文分析，由于当前环球经济仍低迷，身处地球村的美国会受波及，而中国提出的"一带一路"倡议有助于增加全球总需求，助力全球经济向前，是对现有国际秩序、发展路径和方式的有益补充；预料在特朗普任期内，他或会改变上届政府对"一带一路"、亚投行的抵制立场，改为增加接触，甚至是与中国展开合作。

既然双方观点趋于一致，那么，中国政府该抛出什么"橄榄枝"，才能令特朗普对中国的"一带一路"倡议、亚投行更加热情，乃至是展开合作呢？我认为，可以考虑在以下的领域发力。

我比较认可有中国学者提出的"一带一路"需要文化经济学的概念，我在《"一带一路"经济学》一书中已提出，"一带一路"需要文化与经济相结合的产品，才能给世界各国带来新公共产品的需求。

　　这是因为"一带一路"若仅是经济事件，恐因缺乏文化内涵，难获沿线国家的文化认同，不能产生持久力；若仅是文化理念，则不能给各国带来实实在在的经济好处。而且，纵观在全球合作中地位吃重的欧美国家，它们给世界各国提供的公共产品和服务，正是文化与经济的结合体。

　　以欧洲为例，我过往多次指出，欧洲主要给各国提供三种公共产品和服务，我简称为"三名"。一名，是名车，背后是欧洲工业 4.0 的高端制造业文化，以德国、法国为代表。二名，是名表，背后是欧洲精细的制作工艺文化，以瑞士为代表。三名，是名牌服装，背后是时尚、潮流文化，以意大利、法国为代表。

　　至于美国，则提供了"三片"的公共产品和服务，一片，是薯片，无论是麦当劳，还是肯德基，背后是美国的快餐文化。二片，是好莱坞影片，背后宣扬的是美国的文化价值观。三片，是计算机、手机芯片，背后代表的是美国的创新文化。

　　无论是欧洲的"三名"，还是美国的"三片"，都引导了世界潮流，推动了全球科技的进步。其中衍生出的各种与"三名""三片"相关的产业，既推动了欧美自身的经济发展，又推动了世界各国的经济发展、社会进步。

　　对此，"一带一路"建设，既要有产品，产生经济效益，又要有文化，产生影响力。这样的公共产品，才有真正的影响力，才能带动沿线国家的经济发展和社会进步，以此获得各国的认可。

但是，如果"一带一路"仅是提供"文化+经济"的公共产品和服务，虽然并非是要颠覆既有的以美国为主导的国际秩序，而是对国际现有的秩序、发展路径和方式提出补充和完善，但是，在客观上一方面可能会对欧美国家，尤其是美国现今的公共产品带来竞争，另一方面，对深具商人特性、对成本收益、对如何获取更大利益感兴趣的特朗普而言，这些公共产品和服务对其吸引力还不够大。

如果希望特朗普对待中国的"一带一路"倡议将"更加热情"，我认为"一带一路"除了"文化+经济"之外，还需要再加上金融领域的互联互通，以此提高包括特朗普在内的各国对"一带一路"的热情和兴趣。

首先，我曾在多个公开场合提出，随着全球各国金融系统趋于互联互通，"金融语言"已渐成国际共同的语言，各国民众对企业上市，股价、股市的波动等共同的体验，已产生了具有广泛认同性的"通感"。在这种"通感"面前，不同的语言、风俗、民族和国籍都不再是界限。

加强"一带一路"在金融领域上的互联互通，有助于各国加快认可和接受"一带一路"倡议。虽然不少读者会认为金融比较"离地"，但若设计得当，也可很"落地"。可考虑"落地"的措施有两个，一是推动更多中国上市公司"走出去"，二是推动成立"一带一路"融资平台。

在推动更多中国上市公司"走出去"方面，中国政府可先引导、推动已在金融市场上市的企业，尤其是民营企业"走出去"。这些上市公司要启动投资，相当大一部分投资资金会在金融市场，尤其是国际金融市场。多了国际投资者的参与，一方面所投资的项目增加了国际持份者，有利于减轻投资风险；另一方面，中国上市公司可产生"雁行效应"，为欧美的养老基金、中东的主权基金带来新的投资路径。再者，外国投资者若参与投资了这些"一带一路"项目，若不想投资亏损，料会想方设法为"一带一路"保驾护航，减少"一带一路"建设的阻力。

其次，可以利用目前自贸区等地区先行先试，推动成立一个独立于内地股市的"一带一路"融资平台。如果能够吸引"一带一路"沿线国家的大企业到中国新设的"一带一路"融资平台来，一方面固然是资金融通的体现，另一方面，又可促进人民币的国际化。毕竟，沿线国家的企业过来上市，筹集的资金是人民币，更多国家持有人民币，有利于人民币的国际化。

更重要的是，能够前往中国"一带一路"融资平台集资的外国企业，都是沿线国家的大企业，主导或部分主导着其所在国家的产业发展趋势。对于平台上的投资者，他们每年、每个季度都必须发表业绩报告以及未来发展方向和准备推进的业务的报告，中国企业通过这些报告，可以分析出一些沿线国家的真正所需，这是有助于中国进行国际产能合作，以及国际产业分工的一个途径。而对于中国民众而言，现在中国企业、民众手上资金充沛，但却无更好的投资渠道，"一带一路"融资平台的设计，可给他们带来一个新的渠道投资于"一带一路"沿线国家企业。

如果希望美国未来参与"一带一路"、亚投行，上述两点的金融领域合作很可能是一个突破口。尽管特朗普与华尔街财团支持的希拉里理念并不相同，但作为一个地产开发商，他多年来投资、融资经验丰富，与金融机构频繁打交道，对金融市场的逻辑和语言同样非常熟悉。若"一带一路"建设可加强在金融领域发力，则更容易找到特朗普的兴奋点，在这种金融"通感"下，相信特朗普能迅速了解"一带一路"的利益所在，与其眼见利益旁落他国，不如自己也参与分一杯羹。

在金融领域另一个可能是特朗普"痒点"的地方，是国际新金融规则的制定和完善。互联网迅速发展衍生出了金融科技，带来了新的金融产品，绿色金融的发展也成大势所趋。面对金融业的新情况、新的交易模式和市场游戏规则，目前全球金融治理未能与时俱进，大多仍纠缠于传统的金融市场和产品，未来，金融体系的国际协作必不可少。当前，中国在金融科技及绿色金融领域已走在前列，美国若抛开中国制定和完善国际新金融规则并不太实际，与其抛开中国，不如和中国一起相互合作、协调，在金融监管制度、监管框架、法律框架等方面加强对金融科技、绿色金融等的监管、引导，使之满足促进全球金融发展、完善治理的新需要。这也是美国利益得到满足的一个体现，精于利益计算的特朗普相信不会错过。

因此，如果"一带一路"只有"文化+经济"，对特朗普政府而言，只是一个选择。如果"一带一路"除了文化、经济，还有金融，那对特朗普政府来说，可能是一个必需。"一带一路"的"文化+经济+金融"，会产生一个强大的诱因，促使特朗普政府对"一带一路"更有热情，未来或增加他对"一带一路"合作的兴趣。结果是否真如我所料，特朗普会否与中国在"一带一路"上展开合作，让我们拭目以待！

附　录

沪港通政策简介

一、沪港通的结构

上海证券交易所和香港联合交易所将允许两地投资者通过当地证券公司（或经纪商）买卖规定范围内的对方交易所上市的股票。沪港通包括沪股通和港股通两部分：沪股通，是指投资者委托香港经纪商，经由香港联合交易所设立的证券交易服务公司，向上海证券交易所进行申报（买卖盘传递），买卖规定范围内的上海证券交易所上市的股票；港股通，是指投资者委托内地证券公司，经由上海证券交易所设立的证券交易服务公司，向香港联合交易所进行申报（买卖盘传递），买卖规定范围内的香港联合交易所上市的股票。

二、沪港通的意义

（1）有利于通过一项全新的合作机制增强我国资本市场的综合实力。沪港通可以深化交流合作，扩大两地投资者的投资渠道，提升市场竞争力。

（2）有利于巩固上海和香港两个金融中心的地位。沪港通有助于提高上海及香港两地市场对国际投资者的吸引力，有利于改善上海市场的投资者结构，进一步推进上海国际金融中心的建设；同时有利于香港发展成为内地投资者重要的境外投资市场，巩固和提升香港的国际金融中心地位。

（3）有利于推动人民币国际化，支持香港发展成为离岸人民币业务中心。沪港通既可方便内地投资者直接使用人民币投资香港股票市场，也可增加境外人民币资金的投资渠道，方便人民币在两地的有序流动。

三、沪港通主要制度要点

（1）适用的交易、结算及上市规定。交易结算活动遵守交易结算发生地市场的规定及业务规则。上市公司将继续受上市地上市规则及其他规定的监管。沪港通仅在沪港两地均为交易日且能够满足结算安排时开通。

（2）结算方式。中国结算、香港结算采取直连的跨境结算方式，相互成为对方的结算参与人，为沪港通提供相应的结算服务。

（3）投资标的。试点初期，沪股通的股票范围是上海证券交易所上证 180 指数、上证 380 指数的成分股，以及上海证券交易所上市的 A+H 股公司股票；港股通的股票范围是香港联合交易所恒生综合大型股指数、恒生综合中型股指数的成分股和同时在香港联合交易所、上海证券交易所上市的 A+H 股公司股票。双方可根据试点情况对投资标的的范围进行调整。

（4）投资额度。试点初期，对人民币跨境投资额度实行总量管理，并设置每日额度，实行实时监控。沪股通初期总额度为3 000亿元，深港通宣布后取消总额度，每日额度为130亿元；港股通初期总额度为2 500亿元，深港通宣布后取消总额度，每日额度为105亿元。

（5）投资者。香港证监会要求参与港股通的境内投资者仅限于机构投资者，以及证券账户和资金账户余额合计不低于人民币50万元的个人投资者。

四、两地跨境监管和执法合作

完善违法违规线索发现的通报共享机制；

有效调查合作以打击虚假陈述、内幕交易和市场操纵等跨境违法违规行为；

双方执法交流与培训；

提高跨境执法合作水平。

（资料来源：中国证监会、香港证监会）

深港通政策简介

一、深港通开通后互联互通机制的结构

（1）沪股通，是指投资者委托香港经纪商，经由香港联合交易所在上海设立的证券交易服务公司，向上海证券交易所进行申报（买卖盘传递），买卖沪港通规定范围内的上海证券交易所上市的股票。

（2）沪港通下的港股通，是指投资者委托内地证券公司，经由上海证券交易所在香港设立的证券交易服务公司，向香港联合交易所进行申报（买卖盘传递），买卖沪港通规定范围内的香港联合交易所上市的股票。

（3）深股通，是指投资者委托香港经纪商，经由香港联合交易所在深圳设立的证券交易服务公司，向深圳证券交易所进行申报（买卖盘传递），买卖深港通规定范围内的深圳证券交易所上市的股票。

（4）深港通下的港股通，是指投资者委托内地证券公司，经由深圳证券交易所在香港设立的证券交易服务公司，向香港联合交易所进行申报（买卖盘传递），买卖深港通规定范围内的香港联合交易所

上市的股票。

二、深港通不同于沪港通的制度

（一）投资标的

深股通的股票范围是市值 60 亿元及以上的深证成分指数和深证中小创新指数的成分股，以及深圳证券交易所上市的 A+H 股公司股票。深股通开通初期，通过深股通买卖深圳证券交易所创业板股票的投资者仅限于香港相关规则所界定的专业机构投资者，待解决相关监管事项后，其他投资者可以通过深股通买卖深圳证券交易所创业板股票。

深港通下的港股通的股票范围是恒生综合大型股指数的成分股、恒生综合中型股指数的成分股、市值 50 亿元港币及以上的恒生综合小型股指数的成分股，以及香港联合交易所上市的 A+H 股公司股票。

市值的计算公式和方法由深圳证券交易所和香港联合交易所公告。

（二）投资额度

深港通不再设总额度限制。深港通每日额度与沪港通现行标准一致，即深股通每日额度为 130 亿元，深港通下的港股通每日额度为 105 亿元。双方可根据运营情况对投资额度进行调整。

（资料来源：中国证监会、香港证监会）

证券基金经营机构参与内地与
香港股票市场交易互联互通指引

    第一条 为规范证券公司、公开募集证券投资基金的基金管理人（以下统称证券基金经营机构）开展内地与香港股票市场交易互联互通机制下港股通相关业务有关事项，防范运营风险，保护投资者合法权益，根据《证券法》《证券投资基金法》《证券公司监督管理条例》《内地与香港股票市场交易互联互通机制若干规定》（证监会令第 128号）、《公开募集证券投资基金运作管理办法》（证监会令第 104 号）等法律法规，制定本指引。

    第二条 证券基金经营机构开展内地与香港股票市场交易互联互通机制下港股通相关业务，适用本指引的规定。本指引未作特别规定的，适用法律法规和中国证监会的其他监管规定。

    第三条 证券基金经营机构开展港股通相关业务，不需要具备跨境业务资格，但应当按照业务性质取得相应的证券、基金业务资格，同时遵守相关业务的监管要求与自律规则。

    第四条 证券基金经营机构开展港股通相关业务，应当建立健全内部管理制度和业务流程，强化内部控制，完善风险管理，做好制度、流程、人员、系统等方面的准备工作。

第五条 证券公司接受投资者委托提供港股通交易服务，应当遵守以下要求：

（一）按照规定履行投资者教育义务，采取模拟交易、专人讲解、填写问卷、播放音视频资料等多种形式，确保拟参与港股通交易的个人投资者充分理解内地与香港地区在信息披露、交易、结算等制度和监管规则等方面的差异。

（二）按照规定开展投资者风险揭示，紧密围绕内地与香港股票市场交易互联互通机制特点，向投资者揭示港股通机制额度控制、交易日差异、无涨跌幅限制、标的股票长期停复牌、频繁供股合股、直接退市等带来的特有风险，以及不同买卖盘传递通道下港股通在交易、结算、汇率方面的差异等，做到语言通俗易懂、形式醒目突出、内容准确明晰。

（三）稳妥有序开通投资者交易权限，合理设计内部考核指标，确保具有明确意愿、资产规模符合要求、投资经验丰富、对香港证券市场有充分认识的客户参与港股通交易，不得片面追求开户数量与客户规模。

（四）提示投资者存在两条买卖盘传递通道的，在下达委托指令时应当由其明确选定买卖盘传递通道，未经投资者明示同意，证券公司不得擅自为投资者选定。

（五）按照平等、自愿、公平、诚实信用的原则收取交易佣金，佣金标准应当与客户协商确定，但不得低于服务成本；不得以任何形式开展不正当竞争，不得虚假宣传、误导投资者。

（六）保证技术系统符合要求，技术系统应当具备信息提示和信息推送功能，在客户端显示不同买卖盘传递通道下当日剩余可用额度、交易日期提示、订单错误信息提示等信息；具备可用资金金额、可取资金余额控制功能，投资者 T 日卖出香港股票的资金在 T+2 日境内交易时可以使用，但香港市场延迟交收导致客户资金不能按时交收等特殊情形除外；具备监控异常交易、排除标的范围外香港股票买入等功能。

（七）完善纠纷处理和应急机制，加强投资者服务，保持投诉渠道畅通，妥善处理客户投诉。

（八）持续加强从业人员培训，确保参与港股通相关业务的营销、开户、投教、客服等从业人员熟练掌握相关业务知识，及时、准确解答投资者咨询。

第六条 证券公司向参与港股通的投资者提供涉及香港股票的投资咨询服务，应当执行中国证监会证券投资咨询业务的有关规定。证券公司在香港地区向参与内地与香港股票市场交易互联互通机制的投资者提供涉及 A 股的投资咨询服务，应当向香港证券监管机构申请相关业务牌照。

香港持牌机构以其具有中国证监会证券投资咨询业务资格的内地关联机构（合资证券公司、合资证券投资咨询机构、母公司等）的名义，向内地投资者发布涉及香港股票的研究报告，应当由内地注册证券分析师在相关研究报告上署名。

第七条 证券公司可以以自有资金投资港股通标的证券。证券公司自营业务参与港股通交易的，应当按照规定标准计算相关风险控制指标。

第八条 证券基金经营机构资产管理业务参与港股通交易的，应当在资产管理合同中做出明确约定，保障客户选择退出资产管理合同的权利，对相关后续事项做出合理安排，并依法履行相关备案程序。证券基金经营机构修订现有资产管理合同参与港股通交易的，应当按照规定取得客户和资产托管机构的同意。

第九条 公开募集证券投资基金参与港股通交易的，基金管理人应当针对港股通交易制定严格的授权管理制度和投资决策流程，配备具有境外投资管理相关经验的人员。公开募集证券投资基金（以下简称"基金"）可以全部或部分投资于港股通标的股票，但基金合同等法律文件应当约定相关股票的投资比例和策略，并充分揭示风险。

已经获得中国证监会核准或准予注册的基金参与港股通交易，应当遵守以下规定：

（一）基金合同明确约定可以投资香港股票的，可以通过原有机制或者港股通机制投资香港股票，两种机制应当分别遵守相关法律法规及业务规则，股票投资比例合计以及投资范围应当符合法律法规和基金合同的约定；

（二）基金合同没有明确约定可以投资香港股票的，如要参与港股通，或者基金拟投资的香港股票范围与基金合同约定不一致的，基金管理人须召开基金份额持有人大会，决定投资港股的范围、种类、比例及策略等，依法履行修改基金合同程序后，方可参与港股通。

第十条 证券基金经营机构资产管理业务、基金管理业务参与港股通交易的，应当根据相关法律法规和业务规则，确定港股通交易的结算模式，与经纪商、托管人明确交易执行、资金划拨、资金清算、会计核算等业务中的权利和义务，建立资金安全保障机制，有效防止透支交易，严禁资金挪用。

托管人应当加强对资产管理业务、基金管理业务参与港股通交易的监督、核查和风险控制，切实保护投资者的合法权益。

第十一条 证券公司应当按照规定披露港股通相关业务的开展情况。基金应当在定期报告和招募说明书（更新）等文件中披露参与港股通交易的相关情况。

第十二条 证券基金经营机构从事私募投资基金管理业务的子公司参与港股通交易的，参照适用本指引。

第十三条 本指引自公布之日起施行。《公开募集证券投资基金参与沪港通交易指引》（证监会公告〔2015〕5号）同时废止。